Ignacio Sánchez Mejía

SINRAZÓN

Tragisches Prosa–Stückchen in drei Akten

Aus dem Spanischen übersetzt von

Petra Zickmann

Herausgegeben von

Doris v. Freyberg–Döpp

Mit Zeichnungen von

Martina Kügler

Deutsche Übersetzung: **Petra Zickmann**, Frankfurt am Main.

Titel und Illustrationen im Text: **Martina Kügler** (1945 – 2017)

Impressum:
Herausgegeben von Doris v. Freyberg-Döpp
© an der deutschen Übersetzung: Doris v. Freyberg-Döpp
©Martina Kügler – Sammlung H.-J.Döpp
edition de l`œil, Frankfurt 2018
ISBN 9-783752-887211
Herstellung und Verlag: books-on-demand, norderstedt

Doris von Freyberg-Döpp

SINRAZÓN

Tragisches Prosa-Stückchen in drei Akten von Ignacio Sánchez Mejías

Hinführung:
Geschichtlicher Rückblick - Biographisches zum Autor

Das Theaterstück *Sinrazón* des Autors Ignacio Sánchez Mejías wurde am 24. März 1928, vor derzeit mehr als 90 Jahren, im Teatro Calderón in Madrid uraufgeführt. Erst jetzt liegt eine deutsche Übersetzung dieses spanischen Theaterstücks vor. Der Übersetzerin Petra Zickmann danke ich sehr herzlich dafür. In der Biographie über Ignacio Sánchez Mejías von García-Ramos und Narbona aus dem Jahr 1988 wird eine Übersetzung ins Deutsche erwähnt, auf die ich allerdings nirgendwo einen konkreten Hinweis fand.

Der Autor Ignacio Sánchez Mejías blieb mit seinem Werk *Sinrazón* in Deutschland bislang weitgehend unbekannt. Aber selbst innerhalb Spaniens war es bis zur Jahrhundertwende schwierig, ein Exemplar des alten Textbuchs von *Sinrazón* zu finden. Ich war glücklich, als ich vor über zwei Jahrzehnten endlich nach langer Suche das schon etwas abgegriffene broschierte Büchlein in einem Madrider Buchantiquariat entdeckte. Der Originaltext in dieser Broschüre aus der damals neu erschienenen Reihe *"PrensaModerna"* mit Datum vom 9. Juli 1928 war angereichert mit zahlreichen Presse-Rezensionen zur Premiere von *Sinrazón*. Ich bewahre dieses etwas brüchige, zerlesene kleine Heft wie einen kostbaren Schatz auf.

Längst sind inzwischen Nachdrucke erschienen von *Sinrazón,* genauso wie Neuauflagen von anderen literarischen Werken des Autors. Aber es war im 20. Jahrhundert um den 1934 vestorbenen Ignacio Sánchez Mejías infolge des

Bürgerkriegs stiller geworden, auch noch Jahre über den Tod Francos hinaus. Die meisten der spanischen Literaten und Künstler jener Zeit, die als Vertreter der Moderne in der ganzen Welt Bekanntheit erreichten, erfuhren Ähnliches. Sofern sie nicht unmittelbar verfolgt wurden und überleben konnten (von der Tragik des Mordes an Federico García Lorca wird noch die Rede sein) gingen sie meist den Weg ins - äußere oder innere - Exil. Das politische System der Diktatur misstraute kulturellen Fortschritten, schränkte die Entfaltung der Kunst ein und erstickte die Kreativität.

Die Franco-Ära ging zu Ende, der Wechsel zu einer gesicherten Demokratie wurde vollzogen. Wir konnten vom Ausland aus oder direkt teilnehmend die explosiv-überschäumende Freude der Spanier beobachten, mit der sie die Befreiung von Ängsten und politischen Bevormundungen begrüßten. Die junge Generation, schon lange infiziert von und identifiziert mit der Popkultur der sechziger Jahre, beschritt neo-kulturelle Wege in der Kunst und feierte phantasievoll und lautstark in einer nicht enden wollenden "*Movida*" ihre wiedergewonnene, jahrzehntelang unterdrückte Freiheit.

Ein Aufblühen der Kultur war auf allen Ebenen wahrzunehmen. Diejenigen Repräsentanten, die in der Vergangenheit mit ihrem schöpferischen Werk Spaniens kulturelle und intellektuelle Landschaft geprägt hatten, traten nach und nach aus dem Schatten des Vergessens. Trotz Krieg und Zerstörung blieben sie im kollektiven Gedächtnis aufbewahrt.

Der Autor von **Sinrazón**, Ignacio Sánchez Mejías, gehört zu denen, deren Erinnerung nie verblasst ist. Seiner in mehrfacher Hinsicht kreativen Persönlichkeit wird immer wieder bewunderndes Interesse entgegengebracht. Dass ihm zu Ehren in jüngster Zeit, Jahrzehnte nach seinem Tod, in Manzanares (Castilla-La Mancha) ein Archiv-Museum eröffnet wurde, spiegelt seine neu auflebende Bedeutung für die Kulturszene Spaniens wider[1].

---

[1] In der Plaza von Manzanares, dem Ort seines letzten Auftritts als Torero, am 11. August 1932, erhielt er eine Hornverletzung; zwei Tage später starb er am Wundbrand; Penicillin

Meinen biographischen Ausführungen zu Ignacio Sánchez Mejías´ Leben und Wirken vorausschicken möchte ich eine Äußerung des bekannten Literatur- und Theater-Kritikers Andrés Amorós[2]. Sinngemäß wiedergegeben, bemerkte er kürzlich in einem Interview über die Persönlichkeit von Sánchez Mejías:

"Unruhe war sein stärkster Charakterzug!"

Nichts könnte den Charakter dieses Mannes zutreffender kennzeichnen!

Wie komme ich dazu, mich mit dem Theaterstück *Sinrazón* zu beschäftigen, dem Werk eines andalusischen Autors, der in Spanien vor allem sehr berühmt als Torero war? Vor über 90 Jahren schrieb er ein Drama, das die Psychiatrie zum Schauplatz machte und sich auf die Psychoanalyse Sigmund Freuds bezog.

Der Schriftsteller und Stierkämpfer Ignacio Sánchez Mejías steht im Schnittpunkt von zwei meiner Interessengebiete:

- Beruflich ist mein Leben an Sigmund Freuds Lehre und Wissenschaft der Psychoanalyse ausgerichtet.

- Mich interessiert und fasziniert seit Studienzeiten die Tauromachie, die "Welt der Stiere". Aus Spaniens Kulturgeschichte ist der Stierkampf (von den Spaniern

---

hätte ihn retten können. Vor der Einweihung im Februar 2018 wurde das Museum in der Presse von Manzanares vorgestellt als "ein kleiner, dem Gedächtnis des Toreros und Literaten Sánchez Mejías gewidmeten, Tempel". Zahlreiche Exponate, Bücher, Schriftstücke und Fotos, zum Teil aus dem Besitz seiner Familie, dokumentieren die Vielfalt seines Lebens. Sonderausstellungen, Lesungen und musikalische Veranstaltungen finden regelmäßig statt.

[2] Andrés Amorós ist wohl der profundeste Kenner der Biographie von Ignacio Sánchez Mejías; er hat eine Reihe von Büchern über ihn veröffentlicht; berichtet seit Jahrzehnten über die taurinische Szene, schreibt Stierkampf-Kritiken für die Zeitung *ABC*. Für mich ist es ein Vergnügen und ein Gewinn, den verschiedenen Interviews im Internet zu folgen, in denen Amorós zum spannenden, aufregenden Leben des Protagonisten befragt wird.

Sánchez Mejías en el año de la confirmación de alternativa en Madrid.
Foto: Archivo Espasa-Calpe

nicht als "Kampf" sondern als *fiesta de toros* verstanden) nicht wegzudenken. Um dem Faszinosum dieser Welt auf die Spur zu kommen, setzte ich mich mit der Tradition und dem Mythos der *fiesta taurina* intensiv auseinander und erfuhr, jenseits des zunehmenden Trends zur "political correctness", immer wieder die eigenen Ambivalenzen gegenüber dem Ritual des Stiertötens[3].

Der Tod am Nachmittag

Auf meinen Entdeckungsreisen durch die taurinische Welt, die alle anderen Kulturbereiche Spaniens - Musik, Literatur, darstellende Kunst - durchdrungen und bereichert hat, war ich bald auf Ignacio Sánchez Mejías gestoßen. Dass er als Autor eines Theaterstücks nicht den Stierkampf thematisierte, sondern es sich bei *Sinrazón* um ein "Psychodrama" mit tödlichem Ausgang handelte, überraschte mich. Ich wurde neugierig auf diesen Künstler, den Torero und Schriftsteller, dem heute, viele Jahrzehnte nach seinem Tod immer noch fast mythische Verehrung entgegengebracht wird.

Ignacio Sánchez Mejías lebte von 1891 bis 1934, nur 43 Jahre wurde er alt. Geboren wurde er am 6. Juni 1891 in Sevilla, gestorben ist er am 13. August 1934 in Madrid an den Folgen der Verletzung durch das Horn des Stier "Granadino". Bis heute immer noch eher als "Mann des Degens" und weniger als "Mann der Feder" berühmt, ist das literarische Werk Ignacio Sánchez Mejías´ zwar anerkannt, über Spaniens Grenzen hinaus aber kaum bekannt geworden.

Federico García Lorca

Dass er in der Erinnerung vieler Spanier fortlebt, und nicht in Vergessenheit geraten konnte, ist vor allem seiner engen Freundschaft mit dem größten Dichter Spaniens zu verdanken. Federico García Lorca betrauert den Tod seines Freundes und Schriftstellerkollegen aus der "Generation 27" in der ergreifenden

---

[3] s. mein Buch: Torodora Gorges, Morante de la Puebla - Torero, Portrait eines spanischen Künstlers, Mythos - Tradition - Passion, Norderstedt 2010; 2011 erschien die spanische Ausgabe.

Totenklage, dem *"Llanto por Ignacio Sánchez Mejías"* aus dem Jahr 1935. Seine Elegie gelangte zu Weltruhm und hat dem einzigartigen Torero Ignacio Sánchez Mejías über Spanien hinaus Unsterblichkeit verliehen. Lorca besingt in den vier Teilen der Totenklage in ebenso geheimnis- wie eindrucksvollen Bildern das Sterben des Freundes, das Grauen des Todes, die Angst vor dem unheimlichen Geschehen. Wer kann sich der packenden rhythmischen Wiederkehr des Refrains "am Nachmittag um fünf Uhr" - " a las cinco de la tarde" - entziehen? Stierkämpfe begannen traditionell immer um fünf Uhr. Am Nachmittag nahm die Tragödie ihren Lauf. Als dramatische Metapher für den Tod wird der zitierte Kehrreim immer zu verstehen sein. Ernest Hemingways weltberühmtes Buch "Der Tod am Nachmittag" ist zwar schon 1932, zwei Jahre vor dem Tod Ignacio Sánchez Mejías´, entstanden. Doch der Titel berührt zwangsläufig assoziativ die Trauer über den Verlust dieses besonderen Menschen, der - Andrés Amorós zufolge - über Lorcas lyrischen Totengesang zum universalen Mythos - mito universal - aufstieg.

Die Angst vor dem Tod begleitete beide Männer, Lorca, den Lyriker, sowie Sánchez Mejías, den Torero, durch ihr Leben. Jeder reagierte unterschiedlich auf die Vorstellung von Sterben und Tod.

Ignacio Sánchez Mejías´ Ruhm und Popularität als Torero war weniger seiner Kunst als seiner enormen Tapferkeit gegenüber dem Stier zuzuschreiben. Oft erreichte sein Mut Dimensionen von Tollkühnheit, die an Todesverachtung grenzten. Er liebte gefährliche Herausforderungen und provozierte die um ihn besorgte Umgebung mit Gesten der Verleugnung von Gefahren. Eine Episode, wenige Tage vor seinem Tod, zeigt etwas von der Lust am Über-Mut des Toreros: Zu Beginn einer corrida de toros in Cadiz weht starker Levante, ein unangenehm heißer, sandiger Wind, der bei den Toreros gefürchtet ist; er behindert ihre Arbeit mit den Tüchern - capote und capa - und macht sie für den Stier angreifbar. Aus den Zuschauerreihen wird er durch Zuruf von einem aficionado gewarnt: „Gib auf den Wind Acht, Ignacio!" Die saloppe Antwort des Toreros: „Wer sich in Acht nehmen muss – vor mir – ist der Wind!" Wenn auch scherzhaft-spielerisch, ist diese Reaktion doch bezeichnend für seine Neigung zur Abwehr von Todes-Angst.

Sein Freund Federico García Lorca war kein aficionado, kein Anhänger des Stierkampfs; am Stierkampfkult faszinierte ihn vor allem das rituelle Spiel mit dem Tod. Ian Gibson berichtet in seiner Lorca-Biographie von der "obsessiven Angst" vor dem Tod, die den Dichter bewegte. Wiederholt erlag er dem Zwang, seinen eigenen Tod zu inszenieren. Dass Lorca einmal während des Karnevals in Granada durchaus überzeugend einen tödlich verletzten Torero mimte und sich bluttriefend von Freunden durch die Straßen tragen ließ, bis er zur Erleichterung der erschrockenen Passanten lachend „auferstand", entbehrt nicht der Komik. Die Lebenslust siegte.

Die Lebenslust, die Liebe zum Leben verband beide Freunde. Das Schicksal brachte jedem von ihnen einen frühen und auf unterschiedliche Weise tragischen Tod.

Fast genau zwei Jahre nach Ignacio Sánchez Mejías´ Tod, im August 1936, wurde Federico García Lorca von Falangisten ermordet. Der spanische Bürgerkrieg hatte begonnen. Lorca war eines seiner ersten Opfer. Er wurde 38 Jahre alt.

Der Autor Ignacio Sánchez Mejías - Literat und Torero

Ignacio Sánchez Mejías, Mitbegründer und mäzenatischer Förderer der spanischen Literaturbewegung "Generación 27", schrieb *Sinrazón* 1927, dem Gründungsjahr der "Generation 27". Ihr prominentester ist Vertreter Federico García Lorca. Unvergessen bis heute sind auch Vicente Aleixandre, Jorge Guillén, Gerardo Diego, Dámaso Alonso, José Bergamín, Rafael Alberti u.a.

Die Premiere 1928 kam beim Publikum gut an. Zahlreiche Pressereaktionen dokumentieren den hohen Stellenwert der Aufführung dieses Schauspiels, das die Madrider mit besonderer Neugier und gespanntem Interesse erwartet hatten. Was war der Grund dafür? Dem Werk dieses Autors kam ein Ausnahmestatus zu. Ignacio Sánchez Mejías hatte sich in Spanien bis zu jenem Zeitpunkt als Stierkämpfer einen Namen gemacht: er war ein berühmter Torero. Als erfolgreicher

Matador de Toros, der sich vor kurzem, mit Ende Dreißig, zurückgezogen hatte, gehörte er zur Prominenz[4].

Nun wagte Sánchez Mejías sich als seriöser Dramatiker in die Arena der kulturellen Öffentlichkeit Madrids. Könnte er den künstlerischen Ansprüchen des Hauptstadtpublikums, das ihn an seinen Erfolgen in der Kunst der Tauromachie maß, gerecht werden? Selbstverständlich war mit Stimmen der Skepsis und des Vorbehalts zu rechnen. Der Torero Ignacio Sánchez Mejías stellte sich diesen Herausforderungen, unterstützt von seinen Dichterfreunden, deren Kreativität er kongenial verbunden war.

"Multitalente" wie Sánchez Mejías waren unter den Künstlern der "Generation 27" die Regel. Lorca, der große Dichter, war Maler, Zeichner, Musiker, Schauspieler und passionierter (Straßen-)Theatermacher. Albertis Zeichnungen etwa sind in der Kunstwelt heute noch in Ausstellungen zu bewundern. José Bergamíns philosophische Gedanken, in eingängige Lehrsprüche geprägt, sind nach wie vor in Spanien geläufig. Untereinander hatten die Kollegen viel Spaß am kreativen Wetteifer, sie beeinflussten und regten sich gegenseitig mit neuen Ideen an, ließen der Vielfalt ihrer Begabungen Raum. Liest man die 1987 in Spanien, 1994 auf Deutsch erschienene Biographie Federico García Lorcas von Ian Gibson, erhält man davon einen Eindruck. Diese Künstlergeneration war Avantgarde, ließ unkonventionelle Lebens- und Gesellschaftsformen zu, war experimentierfreudig, kreativ und gegenüber modernen Stilrichtungen, ob in Kunst oder Politik, aufgeschlossen.

Ignacio, Mann der Vielseitigkeit

Bezüglich seiner Talente und Begabungen übertraf Ignacio Sánchez Mejías an Facettenreichtum noch einige seiner schriftstellerischen Mitstreiter aus der

---

[4] Nach 6 Jahren Unterbrechung kehrte Sánchez Mejías im Juli 1934, wenige Wochen vor seinem Tod, wieder als aktiver Torero in die Arena zurück. Es ist überliefert, dass Freunde, unter ihnen Rafael Alberti, ihn vor diesem Schritt warnten; Ignacio schien untrainiert, nicht in der erforderlichen Verfassung.

Generation 27. Er war in seiner taurinischen Profession, als Matador de Toros, in der damaligen Gesellschaft hoch geachtet. Als Andalusier gehörte sein Herz dem Flamenco. Großen Erfolg hatte er mit der Flamenco-Oper *"Las calles de Cádiz"*, bei der ihm García Lorca assistierte. Die Künstlerin Encarnación López Jullvez, die berühmte *La Argentinita*, feierte in ihr Triumphe als Sängerin und Tänzerin. Mit ebenso großer Leidenschaft widmete er sich - als Darsteller und Dramatiker - der Literatur und Schauspielerei[5].

Sánchez Mejías war als Journalist aktiv und verfasste neben aktuellen Presseartikeln auch Rezensionen über Stierkämpfe. Dass er dabei auch den Mut hatte, seine eigenen Auftritte als Matador kritisch zu rezensieren, entsprach seiner selbstbewussten Persönlichkeit. Ihn reizte die Durchführung ausgefallener Ideen, auf vertrauten wie auch unbekannten Gebieten.

Sánchez Mejías traute sich viel zu, nicht nur in der Plaza de Toros gegenüber den Stieren. Auch die Intellektuellenszene schätzte ihn. Vermutlich wunderte sich unter seinen Zeitgenossen auch niemand darüber, dass er während eines Aufenthalts in New York die Gelegenheit ergriff, Gastvorlesungen an der Columbia-Universität über die Philosophie und die Kunst der Tauromachie zu halten.

Durch elegantes Auftreten, Charme und Intelligenz beeindruckte der blendend aussehende Torero seine Umgebung. Verheiratet war er mit Lola, einer Schwester von Joselito, des am meisten geachteten und von Ignacio als Vorbild hoch verehrten Torero in den frühen Jahren des 20. Jahrhunderts. Er wurde 1920 vom Stier getötet. Affairen mit bedeutenden Frauen aus der künstlerischen wie intellektuellen Szene seiner Zeit werden ihm nachgesagt. Von seiner Frau Lola lebte er getrennt. Scheidungen waren nicht üblich, bzw. verboten. Die bereits erwähnte Flamencosängerin und Tänzerin Encarnación López Júlvez, mit Künstlernamen *La Argentinita*, war seine Geliebte. Es gibt Tonaufnahmen von ihr

---

[5] *Sinrazón* ist das erste Theaterstück des Autors; es folgten: *Zaya, Ni más ni menos* und *Soledad.*

mit klassischen Sevillanas, zu denen sie von Federico García Lorca auf dem Piano begleitet wird. Als Ignacio sich in seinem letzten Lebensjahr leidenschaftlich in die französische Hispanistin Marcelle Auclair verliebte, fürchtete Lorca um seinen Freund. Er rechnete mit lebensbedrohlichen Eifersuchtsattacken seitens der langjährigen Geliebten Encarnación. Bevor die Affaire mit der Französin publik werden konnte, wurde sie durch den Tod Ignacios beendet. Den Tod brachte ihm die Verletzung durch den Stier "Granadino" in der Plaza, der Stierkampfarena, von Manzanares.

Das Leben des vielseitig talentierten Matadors Sánchez Mejías ist aus heutiger Sicht mit dem Begriff "glamourös" treffend charakterisiert. Amorós zeichnet ihn als "Dandy"[6]. Auch in diversen sportlichen Bereichen reussierte er: er war Polospieler, Rennfahrer, Flugzeugpilot. Auffallend in Erscheinung trat er ebenso als Präsident des "Roten Kreuz" wie als Präsident des Fußballvereins "Real Betis Balompié". Er galt überdies als geschickter Organisator von finanziell-monetären Angelegenheiten. Wegen seiner großzügigen mäzenatischen Aktivitäten - er war ein gut verdienender Matador - genoss der Sevillaner Sánchez Mejías breite gesellschaftliche Anerkennung. Von seiner Generosität profitierte auch die "Generación 27" im Zusammenhang mit ihrer Gründung.

Gründung der "Generación 27"

Im Jahr 1927 wurde der dreihundertste Todestag des großen spanischen Barockdichters Luis de Góngora y Argote begangen. Madrid war das Zentrum der Feierlichkeiten für Góngora, viele Veranstaltungen ihm zu Ehren fanden statt. Die jungen Dichter und Künstler der Gegenwart sahen in dem Dramatiker und Lyriker des Barock ein Vorbild, ein Identifikationsobjekt, in dessen Werken sie zeitgenössische Trends wahrnahmen, die ihren eigenen Strebungen nach neuen Ausdrucksformen in Lyrik und Prosa entsprachen. Ian Gibson zufolge bezeichnete

---

[6] Bereits 1922 erschien eine Biographie über ihn, mit vielen Fotos des strahlenden jungen Mannes und Toreros, der den Biographen Alcázar ebenfalls sehr beeindruckt haben musste.

Federico García Lorca Góngora als "Vater der modernen Lyrik". Er hatte sich besonders intensiv mit *"Soledades"*, dem Hauptwerk Góngoras, auseinandergesetzt. Über Lesungen und Vorträge verbreitete Lorca seine Erkenntnisse über Ästhetik und Modelle der Sprache Góngoras.

In der Madrider *"Residencia de Estudiantes"*, der "Kaderschmiede" der nach Erneuerung alter Strukturen drängenden Intellektuellen und Künstler der Gegenwart, löste sein Góngora-Vortrag einhellige Begeisterung aus bei den anwesenden Dichterfreunden. Die Idee zur Gründung einer fortschrittlichen literarischen Gruppe, die den andalusischen Zeitgeist stärker aufnehmen sollte, wurde hier geboren. Der Plan, auch in Sevilla mit derartigen Lesungen oder Veranstaltungen Góngora zu ehren, fand sofort Zustimmung. Einer Einladung des Kunstvereins von Sevilla folgend, reisten die Góngora-Begeisterten am nächsten Morgen nach Sevilla, in Begleitung bzw. angeführt von Ignacio Sánchez Mejías, der das ganze Unternehmen organisierte, lenkte und vor allem auch finanzierte.

Phantasie und Kreativität, Begeisterung und Freude am Realisieren spontaner Einfälle, ob literarisch, musikalisch, darstellerisch, zeichnete die Gäste aus. Ignacio hatte sie eingeladen in sein Landhaus "Pino Montano", damals am Rande Sevillas gelegen und heute noch von Nachkommen der Familie Sánchez Mejías bewohnt. Dieses damals wie heute in seiner Lage und dem Baustil beeindruckende Haus bot für die Gründung der "Generación 27" einen passenden Rahmen. Über Tage (und Nächte) dehnten sich die literarischen Ehrungen Góngoras aus, mit emphatischen Lesungen, musikalisch-theatralischen Beiträgen, z.T. skurril-bizarren Ausmaßes voller surrealistischer Anmutungen. Ignacio Sánchez Mejías sorgte dafür, dass die Gründung der Gruppe 27 in Sevilla als rauschendes und dank des genossenen Weins auch berauschendes Fest in Erinnerung blieb. Ian Gibson beschreibt in seiner Lorca-Biographie humorvoll die ausgelassenen und schöpferisch inspirierten Feierlichkeiten anlässlich dieses historischen Ereignisses.

Im Jahr darauf - 1928 - erfolgte die Premiere von *Sinrazón*

Zwei neue Denkströmungen in Europa

Die Ideen und Denkrichtungen, an denen sich die Generation 27 orientierte, lassen sich vor dem Hintergrund der Umwälzungen verstehen, die aus den weltpolitischen Ereignissen in der zweiten Dekade des vergangenen Jahrhunderts hervorgingen.

- Die Russische Revolution hatte, ausgelöst vor allem durch die Oktoberrevolution 1917, Europa mit sozialistischem Gedankengut überzogen und verunsichert.

- Der Erste Weltkrieg hatte bestehende Gesellschaftsformen erschüttert und als sicher geltende Werte und Normen weltweit zerstört.

Die intellektuelle Atmosphäre in den unter den Folgen des Weltkriegs leidenden Ländern Europas war geprägt durch Skepsis gegenüber der Vernunft im Zusammenhang mit dem im 19. Jahrhundert vertretenen Fortschrittsglauben.

Insbesondere in zwei intellektuellen Denkströmungen drückten sich diese Zweifel und Vorbehalte der Vernunftgläubigkeit gegenüber aus:

- in der Geisteswissenschaft war es die **Psychoanalyse**, die in Wien ihren Ausgang genommen hatte; bahnbrechend erwies sich Sigmund Freuds Werk "Die Traumdeutung" von 1901

- in den Künsten fand der **Surrealismus** Einzug, der sich von Paris aus über André Bretons 1924 erschienenes "Manifeste du Surréalisme" verbreitete.

Surrealismus in Spanien

In beiden Denkrichtungen erhielt das Unbewusste einen erhöhten, beinahe magischen Rang. Die Vorherrschaft der carteniasischen Vernunft mit der Überzeugung *"Cogito ergo sum"* wurde in Zweifel gezogen.

Vom Surrealismus erfasst wurden vor allem die Verteter der Künste. Er motivierte auch in Spanien Schriftsteller wie Künstler anderer Gattungen, entsprechenden unbewussten Assoziationen und Phantasien in bildnerisch-malerischer oder dramaturgisch-darstellender Form Ausdruck zu verleihen. Viele von ihnen erlangten Weltberühmtheit. Salvador Dalí, der geniale Maler, den eine jahrelange Freundschaft mit García Lorca verband, gehörte dazu, wie auch Luis Buñuel, der Filmregisseur, der das aufkommende Kino revolutionierte[7]. Sie waren nicht die einzigen, die über ihre Verbindungen zur Surrealisten-Szene in Paris in den zwanziger Jahren den Surrealismus und die Faszination für das Unbewusste nach Spanien trugen.

Der Einfluss von Breton - Konzept der "Anti-Vernunft"

Man kann davon ausgehen, dass Ignacio Sánchez Mejías durch die Kontakte mit seinen Künstlerfreunden dem Surrealismus begegnete. André Bretons "Surrealistisches Manifest" von 1924 dürfte ihm bekannt gewesen sein. In dieser Hinsicht war die *"Residencia de Estudiantes"* in Madrid immer ein Umschlagplatz für revolutionäre Erneuerungsgedanken außerhalb Spaniens. Dort sorgte im April 1925 der französische Dichter und Schriftsteller Louis Aragon für Aufsehen mit einem provozierenden Vortrag, in dem er den Surrealismus als revolutionäre Kraft vorstellte, die der tradierten, verstaubten Gesellschaft den Kampf ansagte. Angriffsbereit verkündete Aragon dem Publikum Madrids die "Ankunft eines neuen Geistes der Rebellion" und des kritischen Aufruhrs.

Auch diese Botschaft könnte bei Ignacio Sánchez Mejías, dem aufgeschlossen-neugierigen Mann, angekommen sein. Die Lektüre seines Theaterstücks *Sinrazón* bestätigt diese und die Annahme, dass er auch André Bretons im Jahr darauf veröffentlichten "Brief an die Chefärzte der Irrenanstalten" kannte. In ihm bezieht sich Breton auf die Zivilisationskatastrophe des Ersten Weltkriegs und greift das Thema des Wahnsinns auf. Er bringt die geistige Verwirrung, unter der viele Soldaten in der Kriegs(folge)zeit litten, mit den Erlebnissen an der Front in Zusammenhang: Flucht in den Wahnsinn, vorstellbar als ein möglicher Ausweg?!

---

[7] Buñuels, in Kooperation mit Dalí, entstandener Film "Der andalusische Hund" wurde 1928 in Paris erstaufgeführt.

Die furchtbaren Schlachten von Verdun vor Augen, stellt diese Reaktion eine logisch nur allzu nachvollziehbare Konsequenz dar!

Breton als Medizinstudent untersuchte die unter den Kriegserlebnissen leidenden Geisteskranken im Bemühen um Verständnis für deren Wahrnehmung der Realität. Er verteidigte die bei den Patienten beobachtete Stärke der Realitätsverleugnung und ihr Festhalten am Relitätsverlust als Zeichen von Freiheit und Spontaneität und vermutete in den Manifestationen des Wahnsinns den Ausdruck von Individualität und Selbstverwirklichung. Weiter, so ist es nachzulesen in Peter Bürgers Aufsatz "Wahnsinn als Faszinosum", hielt Breton es nicht für zulässig, die "freie Entfaltung eines Wahns" zu behindern. Die Un-vernunft müsste als Zeichen von Ichstärke und Unabhängigkeit interpretiert werden, das Diktat der Vernunft ein Ende nehmen. In konsequenter Radikalität stellte Breton prinzipiell die "lebenslängliche Einkerkerung von Menschen" - der Begriff "Irrenhaus" steht als ein Synonym dafür - in Frage. Die Insassen der psychiatrischen Anstalten, seien nicht als Geisteskranke, sondern als Opfer der sozialen Diktatur zu begreifen. (In Breton allerdings einen Vorläufer oder Vertreter der Antipsychiatrie zu sehen, wäre ein Missverständnis. David Cooper, Ronald D. Laing, Franco Basaglia, Gilles Deleuze u.a. gingen Jahrzehnte später unterschiedliche Wege, verfolgten andere Ziele mit ihrer Kritik an der traditio-nellen Psychiatrie.)

Im Zeitgeist: Die Psychoanalyse - Sigmund Freud

Der Autor Ignacio Sánchez Mejías, den modernen Denkströmungen seiner Zeit gegenüber aufgeschlossen, blieb vom Konzept der Surrealisten nicht unbe-eindruckt, fokussierte seine wissenschaftliche Neugierde aber intensiver auf die Psychoanalyse und integrierte sie in sein erstes schriftstellerisch-literarisches Werk, *Sinrazón.*

Was sein Interesse für die Psychonalyse intensiviert haben könnte, ist möglicherweise auch in der Tatsache begründet, dass Ignacio aus einem Arzthaushalt stammte. Er nahm auf Wunsch des Vaters ein Medizinstudium auf, brach es allerdings ab, weil die Berufung zur Profession als Torero stärker als die zur Ausübung des Arztberufes wurde.

Ignacio Sánchez Mejías schrieb *Sinrazón* unter dem Einfluss der psycho-analytischen Theorien Sigmund Freuds, die seit dem Erscheinen der "Traumdeutung" im Jahr 1900 in Spanien, wie überall in Europa, Einzug gehalten hatten. Künstler, Intellektuelle, Wissenschaftler und Gelehrte gerieten in den Bann von Freuds psychoanalytischen Lehren und Erkenntnissen. Bereits 1911 hatte sich der Philosoph Ortega y Gasset mit dessen Ideen, wenn auch kritisch distanziert, auseinandergesetzt.

Die Traumdeutung als "Königsweg zur Kenntnis des Unbewussten" interpretiert und vielfältig eingesetzt, schlug sich leitmotivisch im Denken und Schaffen von Künstlern und Intellektuellen nieder.

Ab 1922 erschien das Gesamtwerk Freuds auf dem Buchmarkt in Spanien. Die *Residencia de Estudiantes* in Madrid bot auch hier in den frühen zwanziger Jahren Vortragsreihen zur Psychoanalyse an, die von García Lorca sowie anderen, später zur *Generation 27* zählenden Mitgliedern besucht wurden. Ignacio Sánchez Mejías hat daran nicht teilgenommen, sicher aber aus den Berichten der Freunde Gewinn gezogen. So wie in den Dramen und Gedichtzyklen García Lorcas haben sich Freuds Traumtheorien nun in Sánchez Mejías´ Drama *Sinrazón* niederge-schlagen. Herbert Fritz weist in seinem Buch "Der Traum im spanischen Gegenwartsdrama" darauf hin, dass ab Mitte der zwanziger Jahre Elemente der Freudschen Traumtheorie auch bei anderen zeitgenössischen spanischen Dramatikern anzutreffen waren.

Der Titel des Dramas

Meistens wird der Titel *Sinrazón*, wenn man ihn in der deutschsprachigen Literatur erwähnt findet, mit dem Begriff "Unvernunft" übersetzt.

Der spanische Originaltitel wird damit aber nicht voll erfasst. In beiden Sprachen handelt es sich um Substantive, Nomen, die aus zwei Teilen bestehen: sowohl

Un - vernunft wie *sin - razón* setzen sich aus Präfix bzw. Präposition und Substantiv zusammen. Das Hauptwort *Vernunft - razón,* das auch mit *Verstand* korrekt wiederzugeben wäre, wird in beiden Sprachen ins Gegenteil verkehrt. Im alten spanisch-deutschen Wörterbuch Slabý/Grossmann findet man für *sinrazón* neben *Unvernunft* die Übersetzungen *Unsinn, Widersinn.* Im deutschen Duden werden zahlreiche Synonyme für den Begriff *Unvernunft* genannt z.B. *Unverstand, Torheit, Wahnsinn, Wahnwitz, Narretei, Irrwitz* - jede einzelne Alternative mit unterschiedlichen Konnotationen erläutert. Es öffnet sich ein Spektrum an feinsten Bedeutungszuordnungen: sie variieren zwischen *absurd, leichtsinnig, gefährlich, fahrlässig, unüberlegt, sinnlos* oder auch *ohne Sinn.*

Bei dieser Vielfalt an Interpretationen liegt es nahe, den spanischen Originaltitel ***Sinrazón*** auch für die deutsche Version des Dramas beizubehalten. Die Neugier des Lesers auf den Inhalt des Theaterstücks wird geweckt, seine Fantasie zu einer assoziativen Reise angeregt. Zwar deutet der Untertitel eine tragische Richtung an: *Juguete trágico* übersetzt Petra Zickmann mit "tragisches Prosa-Stückchen". Dagegen aber weist der Diminutiv *juguete* des Wortes *juego* (Spiel) bereits auf eine spielerische Konnotation hin. Im Schauspiel lösen sich wiederholt hochdramatische Szenen in bizarre Komik auf. Es sind z.T. absurde Szenen, die dadaistisch anmuten und als Satire interpretiert werden könnten. Das abstruse, komisch-verworrene Agieren der hospitalisierten Psychiatrie-Patienten erinnert stellenweise an den sehr erfolgreichen U.S.-amerikanischen Film "Einer flog übers Kuckucksnest" aus dem Jahr 1975 von Milos Forman, der eine ähnliche Problematik thematisiert hatte.

Thematik von Sinrazón

Der Autor Sánchez Mejías verlegte die Handlung des Dramas in eine Anstalt für Geisteskranke, im frühen 20. Jahrhundert noch "Irrenanstalt", auf Spanisch "el manicomio" genannt. Es war noch ohne Bedenken die Rede von Verrückten, von "armen Irren"; sie wurden weggesperrt, oft misshandelt statt behandelt. Menschen mit seelischen Erkrankungen landeten im Irrenhaus oder in der

"Klapsmühle", der augenzwinkernd heute noch benutzten Bezeichnung für psychiatrische Einrichtungen.

Vermutlich war er dem Thema der Psychiatrie-Patienten in seinem Leben schon früh begegnet. Als Sohn eines Arztes und später, evtl. als Famulus, während seines Medizinstudiums hatte er in jungen Jahren Einblick in die Zustände von psychiatrischen Krankenhäusern genommen. Auf jeden Fall war er schon vor der Aufnahme seiner Arbeit am Drama *Sinrazón* sensibilisiert für die Problematik im Umgang mit Anstaltspatienten. Wie der Biographie von García-Ramos/Narbona zu entnehmen ist, besuchte Ignacio häufig "Miraflores", einen wenige Schritte von seinem Wohnsitz "Pino Montano" entfernten Aufenthaltsort für geisteskranke Patienten der Region, wo er sich sowohl mit Ärzten wie mit Kranken unterhielt. Die Konfrontation mit den surrealistischen Hypothesen André Bretons und den Forderungen nach einer radikal veränderten Sichtweise auf Geistesstörungen und Wahn(sinn) hat ihn weiter beschäftigt.

Er wird sicherlich auch über seine Pariser Kontakte von den spektakulären, häufig missglückten Sitzungen der Surrealisten gehört haben. Mit dem Ziel, unbewusste Anteile an die Oberfläche des Bewusstseins zu bringen, wurden Sceancen unter Hypnose und unter Einsatz von Drogen durchgeführt - Experimente, die sehr oft mit eklatanten Misserfolgen endeten!

Man kann davon ausgehen, dass Sánchez Mejías sich in Vorbereitung seines Theaterstücks intensiver mit der Anwendung der Freudschen Psychoanalyse als Heilmethode bzw. als Form der Therapie befasst hat. Analytische Psychotherapien nach Freuds Lehrmethoden galten bereits als erfolgreich und fanden Anerkennung.

1933 formulierte Freud das Ziel der Psychoanalyse in dem zum griffigen Zitat geronnenen Lehrsatz: "Wo Es war, soll Ich werden". Die Surrealisten versuchten, dieses Programm auf den Kopf zu stellen. "Wo Ich war, soll Es werden!" hätten sie ihr Anliegen formulieren können. Die "Kunstschaffenden" im Freundes- und Kollegenkreis von Ignacio Sánchez Mejías waren vor allem daran interessiert, die Psychodynamik des Unbewussten zu erforschen. Ihr Thema war die surreale, die

Sánchez Mejías, hacia 1927. *Foto: Archivo Espasa-Calpe*

traumhafte Wirklichkeit. Von Traumtheorie und Bedeutung des Unbewussten fasziniert, sahen die Künstler in der Psychoanalyse eine Quelle der Inspiration für ihre Werke, in denen sie einer neuen anarchistisch-provokativen Kunstauffassung Ausdruck gaben.

Sinrazón - Aufführungen und Reaktionen

Der Künstler Ignacio Sánchez Mejías wurde ebenfalls inspiriert und motiviert. Er fühlte sich als Autor zu einem modernen Theaterstück angeregt, in dem die neuen Denkströmungen in eine spannende Handlung gekleidet wurden. Er ließ die abstrakten Theorieansätze in der Suche nach dem Unbewussten in *Sinrazón* lebendig werden, stellte sie dabei auf den Prüfstand ihrer Eignung für das inhaltliche Anliegen: ist die Heilung geistesgestörter Patienten mit den dargestellten Erkenntnissen möglich? Die Zuschauer des Dramas werden mit dramaturgischer Raffinesse und Eleganz eingestimmt auf das, was sich auf der Bühne abspielt:

Der Handlungsort: die Irren-Anstalt! Die Handelnden: Irre und Irren-Ärzte. - Das musste die Rezipienten damals irritieren oder auch "verwirren"! So etwas ungewohnt "Verrücktes" - *sin razón* - kannte man in der Form am Madrider Theater Ende der zwanziger Jahre nicht. Das "tragische Prosa-Stückchen in drei Akten" stellte insgesamt eine Überraschung für das Publikum dar. (Es ist davon auszugehen, dass sich weder Sánchez Mejías noch das damalige Publikum je mit dem Leben und dem dramaturgischen Oeuvre des Marquis de Sade beschäftigt hatte. Im inzwischen weltweit bekannten und erfolgreichen Schauspiel unter dem vollständigen Titel "Die Verfolgung und Ermordung Jean Paul Marats, dargestellt durch die Schauspielgruppe des Hospizes zu Charenton unter Anleitung des Herrn de Sade" bezieht sich Weiss auf Sades Theaterinszenierungen mit den Patienten der "Irrenanstalt" von Charenton, deren Insasse er von 1803 bis 1814 selber war.)

Nach der Premiere und weiteren Aufführungen von *Sinrazón* in Madrid war das Publikum sich einig, dass man mit diesem Werk ein hochrangig intellektuelles und modern-avantgardistisches Kammerspiel zu sehen bekam.

Die Kritikerurteile nach der Premiere, die dem Textbuch von 1928 beigefügt waren, fielen insgesamt positiv aus. Bei den meisten Rezensenten fand die hohe literarische Qualität und das dramaturgische Talent des Autors Bewunderung. Staunend hatten sie das gelungene Erstlingswerk eines Dramatikers kennengelernt, der bisher in der "seriösen" klassischen Theaterszene nicht in Erscheinung getreten war. Ein Kritiker der Zeitung "La Nación" wird zitiert. Er beschreibt das wachsende Erstaunen des zunächst noch zurückhaltenden Publikums, das eine solche Qualität im Oeuvre eines ehemaligen Toreros nicht erwartet hatte. Ebenfalls hier nur sinngemäß wiedergegeben die Meinung eines Rezensenten der Zeitung "El Debate": er anerkennt, dass Sánchez Mejías die Theorien Freuds auf die Bühne bringt, ohne in "surrealistische Extravaganzen" zu verfallen. Den Erfolg des Dramas führt er u.a. darauf zurück, dass der Autor das Risiko vermeidet, eine der dargestellten Positionen zu favorisieren. In den Kritiken zu *Sinrazón* lobt man die von Vernunft und Lebensweisheit getragene Neutralität des Dramatikers.

Ein Mann mit der Persönlichkeit und der Lebenserfahrung von Ignacio Sánchez Mejías lässt nicht zu, als Befürworter von Ideologien, denen die Unvernunft inhärent ist, missverstanden zu werden. Abgesehen von seinem stets präsenten Hang zum Risiko war letztendlich die Realität der Kompass in allen Bereichen, die er sich in seinem Leben erobert hatte. Zu seinem Beruf als Torero, der für ihn Berufung war und blieb und ihn auch nach seinem theatralen Erfolg als Dramatiker wieder angezogen hatte, gehörte die Konfrontation mit der Realität des Todes.

Ignacio Sánchez Mejías begegnete seinem eigenen Tod in Manzanares, als ihm ein Stier in der dortigen Plaza de Toros Hornverletzungen zufügte, denen er zwei Tage später, am 13. August 1934, in einer Klinik in Madrid erlag.

Wie bei der corrida de toros nimmt auch das dramatische Spiel in *Sinrazón* einen tödlichen Ausgang.

Literatur, auf die ich mich beziehe:

- Federico M. **Alcázar**, Sánchez Mejías, El Torero y el Hombre, Madrid 1922
- Andrés **Amorós**, El "Llanto por Ignacio Sánchez Mejias" de Federico García Lorca, Editorial Biblioteca Nueva, Madrid 2000
- Andrés **Amorós**, Toros, Cultura y Lenguaje, Madrid 1999
- Mark Polizotti, Revolution des Geistes, Das Leben André Bretons, München/Wien 1996
- Peter **Bürger**, Wahnsinn als Faszinosum, aus: Th. Röske, J. v. Beyme, Surrealismus und Wahnsinn, Heidelberg 2009
- Mariate **Cobaleda**, El Simbolismo del Toro, Madrid 2002
- Herbert **Fritz**, Der Traum im spanischen Gegenwartsroman, Frankfurt a.M. 1996
- Sigmund **Freud**, Die Traumdeutung, in: GW II/III ,1900
- Sigmund **Freud**, Neue Folge der Vorlesungen zur Einführung in die Psychonalyse, in: GW XV, 1932
- Antonio **García-Ramos**/ Francisco **Narbona**, Ignacio Sánchez Mejías, Dentro y Fuera del Ruedo, Madrid 1988
- Ian **Gibson**, Federico García Lorca, Eine Biographie, Frankfurt a.M. 1994
- Torodora **Gorges**, Morante de la Puebla - Torero, Norderstedt 2010
- Ernest **Hemingway**, Tod am Nachmittag, Reinbek 1967
- Günter **Metken** (Hg.), Als die Surrealisten noch recht hatten, Hofheim 1983
- Peter **Weiss**, Die Verfolgung und Ermordung Jean Paul Marats dargestellt durch die Schauspielgruppe des Hospizes zu Charenton unter Anleitung des Herrn de Sade, Frankfurt a.M. 1968

Ignacio Sánchez Mejías ist der Name, unter dem der Autor heutzutage zitiert wird. Vom Doppelnamen der Eltern wird in Spanien üblicherweise je ein Nachname übernommen. Seinen zweiten, von der Mutter stammenden Nachnamen, findet man in älteren Schriften auch so geschrieben:

- Mejía - Megía - Megías -

EL TEATRO
MODERNO
Director : LUIS URIARTE

Ignacio Sánchez Mejía

SINRAZON

JUGUETE TRÁGICO EN TRES ACTOS
Y EN PROSA

———

Estrenada en el Teatro Calderón, de Madrid, el día 24 de marzo de 1928

PRENSA MODERNA
MADRID

AÑO IV   9-VI-1928   NÚM. 145

Personen:

Königin Beatriz

Schwester Ursula

Markgräfin

Schwester Victoria

Herzogin

Don Manuel

Oberst

Dr. Luis Ballina

Marchena

Don Mariano, der Bischof

Dr. Carrasco

Hausmeister

Soldat

Diener

SINRAZÓN

ERSTER AKT

Der Vorhang hebt sich, Saal und Bühne sind vollkommen dunkel. Konturiert mit fluoreszierender Paste erkennt man die Apparaturen eines modernen Labors. Dazwischen bewegen sich in weißen Kitteln zwei Ärzte und ein Gehilfe.

Off-Stimme: *(Zitat von Nietzsche, aus: Jenseits von Gut und Böse, 5. Hauptstück, 193)*

Was wir im Traume erleben, vorausgesetzt, daß wir es oftmals erleben, gehört zuletzt so gut zum Gesamt-Haushalt unsrer Seele, wie irgend etwas »wirklich« Erlebtes: wir sind vermöge desselben reicher oder ärmer, haben ein Bedürfnis mehr oder weniger und werden schließlich am hellen lichten Tage, und selbst in den heitersten Augenblicken unsres wachen Geistes, ein wenig von den Gewöhnungen unsrer Träume gegängelt.

Mittägliches Licht auf der Bühne, wo sich Dr. Ballina, Dr. Carrasco und ein Gehilfe befinden.

Dr. Ballina: *(zum Gehilfen)* Geh zum Hof von San Vicente, und wenn Osuna ruhig ist, bring ihn her. *(Gehilfe geht ab. Zu Dr. Carrasco:)* Du wirst ehrlich erstaunt sein über die Besserung dieses armen Irren. Es genügte, ihm den Ursprung seiner Krankheit zu offenbaren, damit im selben Moment der Heilungsprozess in Gang gesetzt wurde. Du weißt ja, dass wir ihn ein bisschen vernachlässigt hatten. Einmal habe ich mich ein paar Minuten mit ihm unterhalten, und aus den Teilen dieses Gesprächs, an die ich mich erinnerte, analysierte ich ihn, worauf ich fest überzeugt war, dass er unter dem Schock perverser sexueller Gefühle stand. Später rang ich ihm nach und nach Geständnisse ab, anfangs noch sehr vage, doch je enger sich die Schlinge zog, desto klarer wurden sie, bis ich schließlich den richtigen Moment für gekommen hielt und ihm mit brutaler Offenheit meine Beobachtungen darlegte. Du kannst dir die Szene sicher vorstellen. Ein Mann, dem du seine Perversionen ins Gesicht sagst, will dich erst einmal umbringen …

Dr. Carrasco: Und mit Recht. Selbst wenn du mit deinen Beobachtungen richtig liegst, gehört große Verwegenheit dazu, einen solchen Angriff auf das zu starten, was wir als organisierte Lüge bezeichnen könnten. Gefahrlos kann man das nur tun, wenn man über eine ungeheure Kraft verfügt. Mir würde es nie einfallen, und ich denke, du solltest mit solchen Versuchen vorsichtig sein. Es gibt nichts Gefährlicheres, als die Wahrheit wie einen Keil in einen soliden Block aus Lügen zu treiben, denn letzten Endes ist es das, was du tust.

Dr. Ballina: Keine Sorge. Ich habe ihn überzeugt. Ich habe ihm den Prozess erläutert, ihm vom Unterbewusstsein erzählt, von der Zensur, der uns die Moral unterzieht, von den Kämpfen zwischen Bewusstem und Unbewusstem, dass seine Krankheit ein Zeichen für seine ausgeprägte Männlichkeit ist et cetera, et cetera. Tatsache ist, dass er nach und nach reagiert hat, und wenn du jetzt siehst, wirst du ihn nicht wiedererkennen.

Dr. Carrasco: *(ohne seine Arbeit zu unterbrechen)* Es ist mir eine große Freude, dich mit solcher Gewissheit von den neuen Vorgehensweisen reden zu hören, aber ich bleibe dabei. Ich frage mich immer, ob du in deinem Optimismus nicht zu weit gehst.

Dr. Ballina: Solange wir die Vernunft als Ratgeberin haben, werden wir nie zu weit gehen. Was man nicht tun darf, und in der Psychiatrie am allerwenigsten, ist – wie es ein Kollege von uns formuliert hat – sich mit den spärlichen absoluten Wahrheiten, die wir besitzen, aufzumachen, denn damit kämen wir tatsächlich nirgendwo hin. Oft muss man sich mit Hypothesen behelfen und das Vakuum zwischen dem einen und dem anderen selbst ausfüllen. Wir müssen diese Passivität durchbrechen, mit der wir bisher die Irren betrachtet haben, die unsere Flure bevölkern und dazu verurteilt sind zu warten, dass der Tod sie von ihrer Krankheit erlöst. Ein Arzt sollte sein Leben lieber mit Experimenten verbringen und seine Hoffnungen auf eine Lösung setzen, als der Krankheit, deren Ursprung und Behandlung er nicht kennt, tatenlos zuzusehen und sie für unheilbar zu erklären. Du weißt, wie viel darüber debattiert wurde, ob eine Infektion mit Malaria für Patienten mit Lähmungserscheinungen sinnvoll oder zwecklos ist. Nun, ich würde angesichts eines Paralytikers keinen Augenblick zögern, ihn zu infizieren. Wobei die Gefahr, der das Individuum dadurch ausgeliefert ist, nicht genügt, um mich von dieser Meinung abzubringen, denn es gibt keinen schlimmeren Tod als den, den seine Krankheit selbst unweigerlich nach sich zieht. Im Heilmittel steckt eine gewisse Hoffnung, wenig?, viel?, gleichgültig. Ob neunzig Prozent oder ein Promille, entscheidend ist, dass überhaupt jemand gesund wird. Und wenn nur einer zu retten wäre, ein einziger von all den zum Tode Verurteilten, die durch unsere Hände gehen, würde es sich lohnen, mit Experimenten so weit zu gehen wie nur irgend möglich. Nimm den Fall von Don Manuel. Ein junger, reicher, gesellschaftlich geschätzter Mann, wegen eines simplen Nervenleidens in einem kläglichen Zustand. Patienten mit derselben Störung haben ihr ganzes Leben eingesperrt in einer Anstalt verbracht, und doch ist dieser, dank einer meiner Tollkühnheiten, wie du es nennen würdest, wieder voll und ganz bei Sinnen.

Dr. Carrasco: Voll und ganz?

Dr. Ballina: Voll und ganz! Dafür lege ich beide Hände ins Feuer. Er verlässt uns noch heute, von mir als geheilt entlassen. Es genügte, das vegetative mit dem somatischen Nervensystem in Einklang zu bringen, damit eine rasche Besserung eintrat und er heutzutage so klar denkt wie ich und du. Erst gestern habe ich ihn zum Essen eingeladen, und er hat mir von seinen Zukunftsplänen erzählt. Er ist entsetzt von den Zuständen in unserem Haus und will einen Teil seines Vermögens darauf verwenden, ein neues zu bauen, in dem es den Kranken an nichts fehlen soll. Seine Idee, wenn sie verwirklicht werden kann, ist wundervoll. Das neue Gebäude soll nicht nur nach dem modernsten Stand der Technik errichtet werden, vielmehr hat er sich zugleich vorgenommen, denen, die für uns zurzeit noch als unheilbar gelten, alles Notwendige zur Verfügung zu stellen, um die Hirngespinste ihrer Monomanien, zumindest teilweise, zu befriedigen. Die Patienten, die während seines Aufenthaltes seine besondere Sympathie gewonnen haben, werden die ersten Bewohner der neuen Heilanstalt werden, die »Palast der Königin Beatriz« heißen wird, denn die arme Irre, die sich für die Königin hält, wird als Allererste dort einziehen.

Dr. Carrasco: Und den Mann, der solche Einfälle hat, hältst du für klar im Kopf?

Dr. Ballina: Für klar genug, das Angebot zu akzeptieren, das er mir – vermutlich aus Dankbarkeit – gemacht hat, und die Leitung der neuen Einrichtung zu übernehmen. Ich weiß schon, dass Einiges ein wenig seltsam klingen mag, aber ich wollte den Geist des Unternehmens nicht infrage stellen, weil ich hoffe, im Zuge der Realisierung meine Einwände mit Taktgefühl geltend machen zu können.

In der Tür erscheinen Schwester Ursula, die Oberschwester der Anstalt, und Don Manuel.

32

Ursula: *(beim Eintreten)* Guten Morgen, Don Luis, guten Morgen, Carrasquito. Hier bringe ich euch Don Manuel, der uns nun schon verlassen wird, gesund und munter, dem Herrgott sei Dank.

Dr. Ballina: Und der Verfassung, Schwester Ursula. Und der Verfassung, weil man Gott jemanden zur Seite stellen muss, für den Fall, dass etwas schiefgeht. Wenn alles klappt, sei Gott gedankt. Wenn nicht, soll die Verfassung schuld sein, also der Arzt. *(zu Don Manuel)* Und, Don Manuel, Sie werden sich heute verabschieden?

Don Manuel: Ja, Herr Doktor. Ihnen habe ich es zu verdanken, dass ich heute endlich hier rauskomme. Gott hat mir die Krankheit geschickt, gewiss verdientermaßen, aber Er hat Ihnen auch erlaubt, mich zu heilen, ohne Zweifel, weil Er auch das für gerecht hielt. Nur was Er will, geschieht. Von Seinem Willen hängt alles ab.

Ursula: Gelobt sei Gott, Don Luis, gelobt sei Gott. Sie sollten Ihm danken, weil Er Sie in Seiner Großmut mit so viel Intelligenz und Glück gesegnet hat. Don Manolito hat mir schon gesagt, dass er beabsichtigt, eine große Summe Geld in eine neue Irrenanstalt zu investieren, die Sie leiten werden.

Dr. Ballina: Nein, keine Irrenanstalt. Ein Palast wird das, für eine Königin und ihren Hofstaat, stimmt's, Don Manolito? Verrückte gibt es dort nicht. Dieses grässliche Wort wird in unserem Palast niemals fallen. Sie werden Kranke sein, denn Kranke gibt es überall. Wir werden eine Legende erfinden und sie mit Leben füllen. Eine Königin, in Liebe entflammt, sitzt in ihrem Palast und wartet auf den König, um ihn zu heiraten. Der König kommt nie. Seine Truppen bewachen das Haus von außen, und die Furcht vor ihnen sorgt für Disziplin. Es wird viele schön eingerichtete Zimmer geben, Bäder, Duschen, eine Turnhalle, ein Labor, sehr saubere Kleidung, sehr gesundes Essen und einen Arzt, der sich mit sicherer Hand und absoluter Autorität um alle kümmert, die sich unpässlich fühlen. Und alles sehr hübsch, sehr fröhlich, sehr optimistisch. Die Königin, die hohen Würdenträger, Don Mariano, der arme Irre, darf endlich Bischof sein, manche werden Richter, manche Kaufleute, einige Soldaten, andere Dichter, und alle werden glücklich sein, zumindest so weit das möglich ist. Das ist es doch, was wir uns vorgenommen haben, nicht wahr, Don Manolito?

Don Manuel: Genau. Wir werden eine Legende erfinden und sie mit Leben füllen. Eine Königin, Gefangene ihrer Liebe, wartet in ihrem Palast auf den König, um ihn zu heiraten. Der König … kommt nie. Ich stelle mein gesamtes Vermögen zur Verfügung, um diesen Bedauernswerten das Leben so angenehm wie möglich zu machen. Keine Strafen, keine Gewaltanwendung, keine Entbehrungen, sie haben mit ihrer quälenden Krankheit gerade genug zu tun. Man muss versuchen, sie zu kurieren, ohne ihnen irgendetwas vorzuenthalten, und den Unheilbaren muss man ein schönes Leben bieten, indem man ihnen alle Wünsche erfüllt.

Ursula: Das tun wir hier zwar auch schon, das Problem ist nur, dass wir keine Mittel haben. Sie müssten in diese Anstalt stecken, was Sie für die neue ausgeben wollen, dann würden Sie schon sehen, was wir alles machen. Wir haben kaum genug, um die Kranken zu ernähren, und trotzdem tun wir bereits einiges von dem, was Sie sich vorgenommen haben. Suárez sagt, er sei Oberst, und alle nennen ihn Oberst, er hat seine Soldaten und exerziert mit ihnen.

Don Manuel: Ja, aber darum geht es nicht, Schwester Ursula. Das ist nicht das, was wir vorhaben.

Ursula: Wie bitte? Sie werden ja sehen. *(geht zur Tür, ruft hinaus)* Oberst! Oberst!! Komm mal her.

Es erscheint ein jämmerlich gekleideter Kranker mit Militärmütze. Er und alle Patienten, die in diesem Stück auftreten, sind geistesgestört und artikulieren sich entsprechend. Jede Geste der Schauspieler jedoch, die ins Groteske geht, könnte die Absicht des Autors verfälschen. Keine Blödsinnigkeiten. Wir müssen Don Manuel bei seinem noblen Vorhaben unterstützen. Die Anomalie äußert sich nur in der Extravaganz des Denkens, doch verhalten sich alle Betroffenen mit solcher Selbstverständlichkeit, dass man die meiste Zeit zweifelt, ob sie wirklich verrückt sind.

Oberst: Zu Befehl, Frau Generalin! Was befiehlt meine Generalin? Hoch lebe die Generalin!!

Ursula: Sei still, sei still, hör auf mit dem Unsinn. Ruf deine Soldaten zusammen, damit sie sich von Don Manuel verabschieden. Er ist wieder gesund und wird heute entlassen.

Oberst: Zu Befehl, Frau Generalin! *(macht ein paar steife, kleine Schritte rückwärts)* Mit Erlaubnis meiner Frau Generalin! *(brüllt)* Kosaken und Kürassiere! Ah!!! Ah!!!

Patienten stürzen herein. Sie sind gekleidet wie Vagabunden, schmutzig und abgerissen. Es sind etwa fünfzehn. Sie stürmen das Labor. In ihren Gesichtern, teils stumpf, teils lebhaft, verschiedene Anzeichen für Nervenkrankheiten. Viel Tragik, wenig Komik.

Oberst: Angetreten!! Stillgestanden!! *(sie gehorchen steif)* Vier Schritte vorwärts!! Eeh!!

Truppe: *(alle zugleich)* Eins, zwei, drei, vier.

Oberst: Vier zurück!! Aah!!

Truppe: *(geht rückwärts)* Eins, zwei, drei vier.

Oberst: Maaacht kehrt!!! Aahh!!

Truppe: *(gehorcht, erreicht das Ende der Wand)* Eins, zwei.

Oberst: Wie Sie befehlen, meine Generalin!

Ursula: Sie sollen jetzt ihren Leitspruch aufsagen und sich von Don Manuel verabschieden.

Oberst: *(aufgeblasen)* Kosaken und Kürassiere, auf Befehl der Generalin, sagt euren Leitspruch auf!!

Truppe: *(im Chor)* Lieben, lieben, lieben. Gott, Vaterland und Religion. Lieben, lieben, lieben. Gehorchen, gehorchen, gehorchen. Der Frau Generalin, dem Herrn Direktor und dem Herrn Oberst. Gehorchen, gehorchen, gehorchen.

Oberst: Wir sind alle …

Truppe: Eins.

Oberst: Niemand kann sich …

Truppe: Beklagen.

Oberst: Wir sind stets …

Truppe: Fröhlich.

Oberst: Kehrt marsch!! Aah!!

Truppe: *(gehorcht)* Eins, zwei.

Oberst: Im Hinausgehen sagen wir: Eins, zwei, drei, hoch lebe Don Manuel. Vorwärts! Aah!

Truppe: *(geht ab)* Eins, zwei, drei, hoch lebe Don Manuel. Eins, zwei, drei, hoch lebe Don Manuel. Eins, zwei, drei, hoch lebe Don Manuel.

Ursula: Wie Sie sehen, Don Manuel, bemühen auch wir uns um Unterhaltung für unsere Kranken. Und wir haben kein Geld. Kann gut sein, dass Gott Sie um dieser Unglücklichen willen gesund gemacht hat.

Don Manuel: Kann gut sein, Frau Oberschwester, kann gut sein; ich jedenfalls hab mein Möglichstes getan. Gleich morgen lasse ich Ihnen eine Spende über fünfundzwanzigtausend Peseten zukommen. Ich würde meinen Plan ja gern hier umsetzen, aber das geht nicht, Schwester Ursula, das geht leider nicht. Aus einem Palast kann man immer ein Irrenhaus machen, aber aus einem Irrenhaus einen Palast zu machen, ist ganz und gar ausgeschlossen. Schicken Sie mir alle Kranken, für die hier kein Platz ist. Außerdem werde ich Ihnen oft helfen, aber bedrängen Sie mich nicht. Nichts und niemand wird mich von der Umsetzung meiner Pläne abbringen. Ich möchte, dass Sie den Schwestern in meinem Namen danken und ihnen sagen, wie froh ich über ihre Zuwendung gewesen bin. Und Ihnen, Herrschaften, habe ich weiter nichts zu sagen. Sie wissen ja, wie dankbar ich von Ihnen gehe. Doktor Carrasco, lassen Sie sich umarmen *(sie umarmen sich).* Und Sie, Doktor Ballina, erwarte ich heute zum Abendessen bei mir zu Hause. Danach werden wir uns entscheiden und alles sofort in die Tat umsetzen. Schwester Ursula, Sie möchte ich noch um einen Gefallen bitten, den Sie mir hoffentlich nicht abschlagen werden: Ich würde …, ich würde gern der Königin auf Wiedersehen sagen.

Ursula: Aber selbstverständlich, Don Manuel, selbstverständlich. Sie sind der lebendige Beweis dafür, wie gut Gott zu den guten Menschen ist! *(geht zur Tür, ruft)* Curro, hierher. Sag Schwester Victoria, sie soll die Königin herbringen. Und sag den Musikern, sie sollen sich für die Verabschiedung von Don Manuel bereithalten. *(zu den anderen gewandt)* Der Mensch lebt nicht vom Brot allein, wie das Sprichwort sagt, und das stimmt: Solche Aufmerksamkeiten sind tröstlicher für diese Unglücklichen als materielle Almosen. Nur wer ein gutes Herz hat, kann sie spenden, und das ist mehr wert als alles Geld. Gott steht über allem und richtet alles zum Besten. Wer weiß, welche verborgenen Gründe seine Krankheit haben mochte, wenn man dieses Ergebnis sieht! Da ist sie ja schon, da ist sie. Sehen Sie nur, wie sie sich freut!

Die Königin und Schwester Victoria kommen herein. Die Königin ist in armselige Fetzen gekleidet. Einen langen Rock mit einem angenähten Lappen als Schleppe. Eine zugeknöpfte Bluse und eine etwas zerzauste Hochfrisur, um auszusehen wie eine antike Regentin. Einige Blumen im Haar und in der rechten Hand ein Lorgnon, das aus einem Palmfächer gebastelt ist.

Königin: *(leutselig und fröhlich, jung und hübsch)* Wo ist der König, wo ist der König? Ah, aber das ist doch gar nicht der König! Was wollen Sie? Prinz Adolfo soll ich heiraten? Nein, nein und noch mal nein! Ihre Hinterlistigkeiten können Sie sich sparen. Ich werde niemanden heiraten. Ich will keinen. *(an Don Manuel gewandt)* Richten Sie ihm das aus. Werden Sie ihn sehen? Richten Sie es ihm aus und sagen Sie ihm, er soll herkommen, er soll nicht dumm sein, denn man hält mich gefangen und macht mir ständig Avancen. Er soll hier ein Manöver veranstalten, und ich werde an einem Fenster stehen, von dem aus man das Feld sieht. Er kann kommen, wann er will, zu jeder Zeit, ich werde immer auf ihn warten. Er braucht sich keine Sorgen zu machen, mir wird nichts geschehen, gar nichts. Aber er soll kommen. Er soll als Jakobsritter gekleidet sein. Aber er möge bald kommen, bald. *(sie lächelt, ihre sinnliche Begierde lässt sie erröten, sie senkt den Kopf und versucht, sich zu beherrschen)* Sagen Sie ihm … *(seufzt)* Sagen Sie ihm, er soll rasch kommen, ich sterbe vor Sehnsucht!

Don Manuel: *(tief bewegt, während alle schmunzeln)* Das werde ich tun, Señora, Ihr werdet schon sehr bald Nachricht vom König erhalten. *(streckt ihr die Hand hin)*

Königin: *(an Schwester Victoria gewandt)* Was will dieser Mann?

Victoria: Dir die Hand drücken. Er will sich verabschieden.

Königin: *(erstaunt)* Meine Hand? *(aufgeregt)* Er will meine Hand? *(weinerlich)* Meine Hand nicht, Schwester Victoria, meine Hand doch nicht. Nein, nein, nein. Nicht meine Hand, Schwester Victoria. *(versteckt sich hinter der Schwester)*

Victoria: Sei nicht dumm. Gib diesem Herrn die Hand, komm schon! *(versucht, nach ihrer Hand zu greifen)*

Königin: *(trotzig)* Nicht meine Hand, Schwester Victoria, niemand fasst meine Hand an. Meine Hand ist heilig, heilig. Nur wer in der Gunst des Königs steht, darf sie küssen. So will es der König. *(leiser werdend, errötend, sehnsüchtig)* Der König. So will es der König. *(verbirgt schelmisch das Gesicht in den Händen)* Der König. *(Don Manuel beginnt mit dem Abgang)*

DER VORHANG FÄLLT SEHR SCHNELL

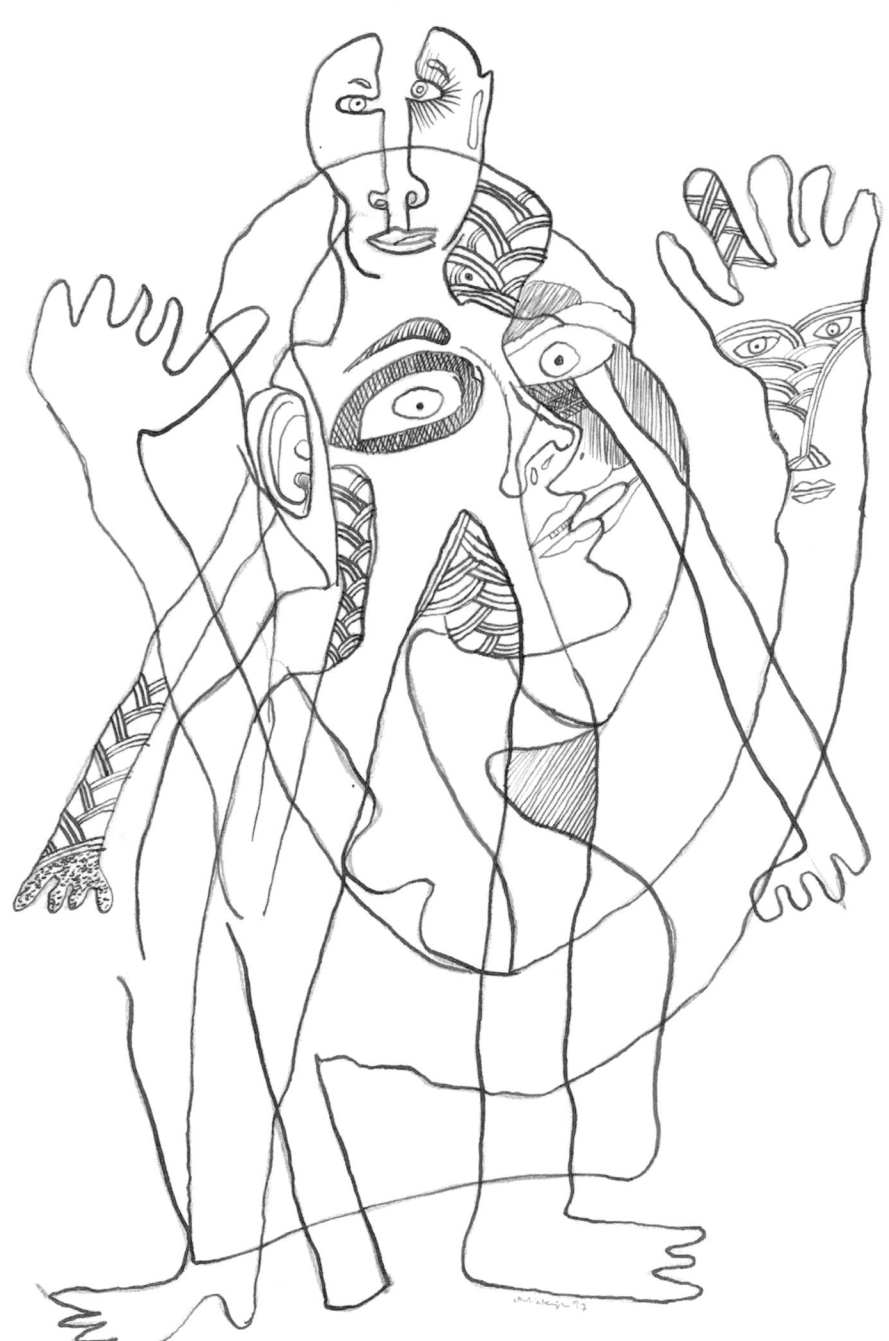

ZWEITER AKT

Luxuriös eingerichteter Salon im palastartigen Irrenhaus der Königin Beatriz. Möbel, Thronsessel, Stoffe, Wandbehänge usw. seien dem guten Geschmack des Ausstatters überlassen. Wenn sich der Vorhang hebt, ist die Bühne leer, die Pracht muss überwältigend sein. Eine Tür in der Mitte, eine auf der linken Seite.

Ein Irrer, phantasievoll als Soldat gekleidet, steht an der Tür in der Mitte Wache. Durch die linke Tür kommt Don Manuel herein. Er schaut sich gründlich um, zeigt sich zufrieden, betätigt eine Klingel und setzt sich. Durch dieselbe Tür betritt ein als Hofdiener verkleideter Irrer die Bühne: blaue Uniform, hoher, zugeknöpfter Kragen.

Hofdiener: Haben Sie geläutet?

Don Manuel: Schicken Sie mir den Hausmeister her. *(Pause)*

Soldat: *(energisch)* Wer da?

Stimme: *(draußen, brüllend)* Chef!

Soldat: *(zu Don Manuel)* Der Hausmeister.

Don Manuel: Soll reinkommen.

Soldat: Los, rein. *(Hausmeister kommt herein. Es ist ein Krankenpfleger. Er trägt eine Uniform aus dickem Stoff und eine weiße Kappe)*

Hausmeister: Sie haben mich rufen lassen?

Don Manuel: Was ist gestern Abend im Kasernenhof passiert?

Hausmeister: Eigentlich gar nichts, aber es hätte zu einer Katastrophe kommen können. Sie erinnern sich, als Collerón es sich in den Kopf gesetzt hatte, der größte Händler der Welt zu sein, da haben Sie angeordnet, ein großes Warenhaus einzurichten, durch das alles gehen sollte, was hier konsumiert wird. Der Verkauf sollte mit falschem Geld simuliert werden, das extra dafür angefertigt werden musste. Alles geschah, wie Sie befohlen hatten, und Collerón ging so in seiner Rolle auf, dass seine Buchführung die beste der ganzen Einrichtung war. Er schaute, was die einzelnen Sachen kosteten und schlug auf alles dreihundert Prozent auf. Sein Unternehmen führte er so hervorragend, dass wir schon glaubten, er sei bei Sinnen. Seit einiger Zeit beklagt er sich aber, dass das Geschäft nicht genug abwirft, und behauptet, das liege an dem Lädchen, das draußen vor der Anstalt ein Mann namens Perico der Fremde betreibt. Wir haben ihm nicht widersprochen, und so reifte in seinem Kopf die Idee heran. Gestern Abend nun pflanzte er sich im Hof auf und verlangte, unsere Soldaten sollten die königlichen Truppen vertreiben, mit denen wir, wie Sie ja wissen, unseren Patienten immer drohen. Er sagte auch, Perico der Fremde sei an allem schuld, und sobald wir ihm seinen Laden niederbrennen würden, wären wir alle frei, und es würde uns an nichts mehr fehlen. Die Truppe wurde unruhig, und als er den Soldaten sagte, sie seien Feiglinge, wenn sie nicht losmarschierten, formierten sie sich und waren gerade bereit, als wir Aufseher Wind von der Sache bekamen. Wir verboten es ihnen, sie wurden sauer, wollten uns überrennen, und wir mussten ein bisschen austeilen. Der Doktor wurde benachrichtigt, und Don Luis befahl, Collerón und zwei oder drei von den Rädelsführern einzusperren.

Don Manuel: Hat es Verletzte gegeben?

Hausmeister: Ja, zwei. Bei einem von ihnen wird man sehen müssen, wie es weitergehen soll. Er ist aufsässig und hat böse Absichten. Der Vater von

Don Mariano, dem Bischof, hinterlässt jedes Mal, wenn er seinen Sohn besucht, eine Visitenkarte im Direktionsbüro, eine im Büro von Don Luis und eine beim Verwalter. Marchena – das ist derjenige, welcher – irritierte das, und er nennt ihn deshalb »den Irren mit den Zettelchen«. Neulich hatte er Wachdienst bei der Direktion, und als der Vater von Don Mariano seine Karte dalassen wollte, sagte er ihm, Verrückte seien hier unerwünscht, und als ihn der andere nicht verstand, wiederholte er es, während er ihn zur Tür schubste. Man musste dem armen Kerl beistehen, denn er war zu Tode erschrocken. So etwas hat Marchena schon öfter gemacht. Dem Freund von einer der Küchenhilfen hat er ein paar reingehauen.

Dr. Ballina: *(draußen zu dem Irren, der Dienst an der Tür hat)* So gefällt mir das, mein Junge, so gefällt mir das. Wie fühlst du dich? *(tätschelt ihm die Schulter)* Antworte. Wie geht es dir? *(der Irre schweigt verbissen)* Komm schon, Mann, rede.

Soldat: Die Wache redet nicht.

Dr. Ballina: Nicht mal mit dem Arzt?

Soldat: Mit niemandem.

Don Manuel: *(liebevoll)* Untergraben Sie mir nicht die Disziplin, und kommen Sie herein, ich muss mit Ihnen reden. *(zum Hausmeister)* Lassen Sie Marchena frei, und schicken Sie ihn zu mir. Und sehen Sie gefälligst zu, dass hier kein Patient mehr geschlagen wird. Kein einziger. Hab ich mich klar ausgedrückt?

Hausmeister: Selbstverständlich. *(geht ab)*

Don Manuel: *(zum Arzt)* Wir müssen mit allen verfügbaren Mittel dafür sorgen, dass so etwas wie gestern Abend nicht noch einmal vorkommt.

Dr. Ballina: Eben darüber wollte ich mich mit Ihnen unterhalten. Sie gehen bei der Behandlung dieser Dementen weiter, als ich für klug halte. Ich finde es sehr gut, dass man ihnen alle Bequemlichkeiten bietet, geduldig und liebenswürdig mit ihnen umgeht, ihre Schrullen toleriert, aber sie in ihrer Gestörtheit zu bestärken oder diese sogar zu fördern, scheint mir doch äußerst gefährlich. Unser Verhalten, das man als Ehrerbietung gegenüber der Geisteskrankheit bezeichnen mag, könnte zu einer wahren Katastrophe führen, wenn wir am wenigsten damit rechnen.

Don Manuel: Ich teile Ihren Pessimismus nicht und bin jeden Tag zufriedener mit unserem Werk. Vielmehr glaube ich eher, dass es noch die eine oder andere Unzulänglichkeit unsererseits gibt, bin allerdings fest überzeugt, dass wir auf dem richtigen Weg sind.

Dr. Ballina: Nein, darin bin ich anderer Meinung. Unser derzeitiger Weg ist nicht der richtige, weil es vollkommen unsinnig ist, die Verrücktheit dieser armen Leute noch zu unterstützen. Das Gegenteil wäre angebracht. Es gibt die gut fundierte Ansicht, dass die Geisteskrankheit für den wachen Menschen das ist, was der Traum für den schlafenden ist. Ein Geisteskranker ist demnach jemand, der ununterbrochen träumt. Und modernen Theorien zufolge sind Träume aus unserem Bewusstsein verdrängte Wünsche und Begierden. Zu deren Befriedigung greifen wir wahllos Bruchstücke aus unserem Leben, die mit diesen Wünschen zu tun haben, doch beim Erwachen vergessen wir das Geträumte, oder die Normalität setzt es sofort außer Kraft. Nun ist unsere Kindheit und Jugend voller Begierden, logischen und natürlichen ebenso wie morbiden und perversen, die meisten unaussprechlich. Unsere Moral übernimmt die Zensur und sortiert aus, und in diesem Zwiespalt zwischen Moral und

44

Begierde liegt der Schlüssel zu einem Großteil der Störungen. Bei einem Geisteskranken muss man sein ganzes Leben durchleuchten, in seine Gedankenwelt eindringen, in seine Träume, seine Neigungen, alle seine Handlungen, so unbedeutend sie auch sein mögen, und wenn wir die Kollisionsstelle der Begierde mit der Moral entdeckt haben, muss man am Bewusstsein arbeiten und den Patienten über den Ursprung seiner Krankheit aufklären, der ihm selbst fast nie bekannt ist; man muss ihn zurückführen zu dem Moment, in dem die Störung begann, die Deiche seines Bewusstsein verstärken, ihn an der Hand nehmen und auf den rechten Weg geleiten. Kurz gesagt, die Psychologie jedes Einzelnen analysieren, und wo immer sich eine Anomalie bemerkbar macht, diese dem Kranken erläutern, damit er selbst wahrnimmt, was wir als sein eigenes nacktes Bewusstseins bezeichnen könnten.

Don Manuel: Hören Sie auf, Doktor, ich bitte Sie, hören Sie auf. Ich fange an, an Ihrer geistigen Verfassung zu zweifeln. Die Leute innerlich entblößen? Ihnen offen sagen, was wir über sie denken? Ihnen die Wahrheit enthüllen, die blanke Wahrheit? Nein, Doktor, auf gar keinen Fall. Hier wird niemandem die Wahrheit gesagt, niemandem. Sie haben einmal etwas Wundervolles gesagt: Lasst uns eine Legende zum Leben erwecken. Und heute haben Sie wieder etwas sehr Schönes gesagt: Der Irrsinn ist ein ununterbrochener Traum. Ein ununterbrochener Traum! Lassen wir sie träumen, Doktor, lassen wir sie träumen. *(zu Marchena, der eben hereinkommt)* Hereinspaziert, hereinspaziert. *(zum Arzt)* Wollen wir doch mal sehen, wovon Marchena träumt.

Marchena: Wer ruft nach mir? *(diese Figur kann mit andalusischem Dialekt sprechen)*

Don Manuel: *(liebevoll)* Na, dann wollen wir doch mal sehen, mein Guter, wollen wir mal sehen. Warum hast du den Freund von der Spülfrau geschlagen?

Marchena: Weil der verrückt ist, und die Verrückten muss man hauen. Ein durchgehauener Verrückter ist wieder normal. Sie brauchen Haue, viel Haue. Und der Spülfrau werde ich auch noch ein paar verpassen.

Don Manuel: Aber wieso denn? Was haben sie dir denn getan?

Marchena: Sie sind verrückt.

Don Manuel: Und wer hat dir das gesagt?

Marchena: Ich habe es selbst gesehen. Sie stellt sich an die Brüstung auf der Dachterrasse, und er steht mitten auf dem Feld, und dann machen sie stundenlang Verrenkungen. Erst sie, dann er, dann wieder sie … *(äfft die Gesten nach, mit denen das Paar sich verständigt. Der Arzt und Don Manuel schmunzeln.)*

Don Manuel: Schon gut, schon gut. Und der Vater des Herrn Bischof?

Marchena: Der Irre mit den Zettelchen? Au Mann! Der ist völlig durchgedreht. Der hat weiße Zettelchen, wo sein Name draufsteht, und er tut nichts anderes, als allen Leuten so ein gefaltetes Stück Papier in die Hand zu drücken. Diesen Typen muss man hauen. Was für ein Unterschied zwischen Vater und Sohn! Kaum zu glauben! Lassen Sie mich nur machen, mit denen bin ich schnell fertig. Haue, ordentlich Haue. Ich war schon in vielen Irrenhäusern und weiß, wie man mit Verrückten umgeht. Ein durchgehauener Verrückter ist wieder normal. Überlassen Sie das mir. Ich war in einem Haus mit sehr gefährlichen Verrückten. Als sie noch frei herumliefen, brachten sie Leute um, und sie hatten viele umgebracht. Man hat sie eingesperrt, und sie sind friedlich geworden. Mit Haue! Haben Sie nicht da draußen diese riesigen Säle gesehen, wo sie Kaffee verkaufen und wo viele Gruppen von Männern sind, von denen manche ganz leise reden und manche herumbrüllen, als ob sie sich streiten würden? Vollkommen verrückt. Und es gibt noch eine Menge mehr. Alle Welt ist verrückt. Einige fangen an zu quasseln, andere zu rennen, man braucht ihnen bloß zuzuschauen, wie sie alles unsicher machen. Neulich habe ich einen Kerl gesehen, der mitten auf der Straße stand und die Autos anhielt. So. *(bewegt sich wie ein Verkehrspolizist)* Und alle blieben stehen. Damit muss man vorsichtig sein, das ist ansteckend. Überlassen Sie es nur mir, ich weiß Bescheid.

Draußen ertönt hoch und schrill ein Horn und lautes Geschrei:

Platz da für die Königin! Wachen! Angetreten!

Don Manuel: *(weist auf die linke Seitentür)* Nehmen Sie Marchena mit.

Der Arzt und Marchena gehen ab. Zum Klang des Amerikanischen Marsches tritt nach den Hofdamen die Königin ein. Sie ist luxuriös gekleidet, Hermelincape, Krone, und schreitet sehr würdevoll. Mit einem Wink schickt Don Manuel die anderen hinaus und bleibt mit der Königin allein auf der Bühne zurück. In deren Miene zeigt sich die Schamhaftigkeit, die immer mit ihren sinnlichen Begierden einhergeht, im Wechsel mit feiner Koketterie.)

Königin: Wen muss ich heute empfangen?

Don Manuel: Wen immer Eure Majestät möchten.

Königin: *(blickt Don Manuel in die Augen, dann zu Boden, dann wieder in Don Manuels Augen)* Warum duzt du mich nicht? Königinnen haben schon immer gern einen vertraulichen Umgang mit ihren

Günstlingen gepflegt, und du bist mein Lieblingsgünstling. Sag du zu mir, wenigstens wenn wir unter uns sind.

Don Manuel: Wie Eurer Majestät belieben.

Königin: Wie du willst.

Don Manuel: Wie du willst.

Königin: Und jetzt sag mir, Günstling. *(kichert kokett)* Hi, hi, hi! Hi, hi, hi! Hi, hi, hi! Lieblingsgünstling! Und wen müssen wir heute ertragen?

Don Manuel: Den Herrn Bischof, dem Eure Majestät Audienz gewährt haben.

Königin: Schon wieder Majestät. *(Lacht spöttisch)* Hi, hi, hi! Den Herrn Bischof. Hi, hi, hi! Armer Bischof. Hi, hi, hi! Dann soll er mal reinkommen, der Bischof!

Don Manuel: *(feierlich)* Mit der Erlaubnis Eurer Majestät. *(geht ab)*

Königin: *(Sie schaut durch ihr Lorgnon über die Umstehenden und fixiert schließlich den Wachsoldaten. Bewegt sich aufreizend auf ihn zu)* Wie heißt du?

Soldat: *(aufgeregt)* Miguel Santos.

Königin: *(bricht in Gelächter aus)* Ha, ha, ha. Arme Königin! Hi, hi, hi! Heilige als Wachen und Bischöfe zu Besuch! Ha, ha, ha! *(Stimmungsumschwung)* Und der König kommt und kommt und kommt nicht.

Don Manuel: *(von der Tür aus, die er dem Bischof aufhält)* Herein, Herr Bischof. *(Der Bischof tritt ein. Er ist ein großer, schlanker Verrückter. Er* *trägt eine schwarze Soutane mit violetten Knöpfen. Einen Priesterhut, den er aufbehalten wird. Einen sehr großen jesuitisch anmutenden Ring. Man nickt einander zu. Don Manuel schickt die Wachen hinaus.*

Königin: Was gibt's, Herr Bischof? Hast du abgenommen, du siehst dünner aus. Bald wirst du mich trauen müssen, weißt du? Der König wird kommen. Wir werden dich zum Kardinal befördern, das verspreche ich dir.

Bischof: Die gnädige Frau wissen, dass ich nicht Kardinal werden kann, solange man meine Bischofswürde nicht anerkennt. Ich habe noch immer meine Urkunde nicht. Politische Machenschaften in Rom. Und von den Augustinern. Das theologische Konzept der Gnade entzweit uns. Aber das ist jetzt nicht das Thema. Mich führt eine andere Angelegenheit vor Euren Thron.

Königin: Wir machen dich zum Kardinal. Glaub mir.

Bischof: Durchlaucht, meine Feinde …

Königin: Deine Feinde! Wer sind deine Feinde?

Bischof: Die Bischöfe. Es gibt keinen schlimmeren Feind als die eigenen Kollegen. Just in diesem Moment spielen sie mir übel mit. Und ich weiß nicht, wer. Ich weiß nicht, wer. Aber ich bin schon zwei Monate hier und habe noch keine einzige Beichte abgenommen. Nicht eine. Und so geht das nicht. Nein, nein, nein, so geht das ganz und gar nicht. Wofür bin ich denn Bischof, wenn ich nicht einmal irgendjemandes Sünden kenne? Ah, nein, nein, nein, so geht das wirklich nicht! Entweder Ihr erzählt mir Eure Sünden, oder Ihr gebt mir eine andere Aufgabe. Lieber nicht, nein, nein, nein! Ihr müsst die Beichte ablegen. Beichten! So schreibt es unsere heilige Mutter Kirche vor. Und wenn nicht, was mache ich dann hier? Ich gehe wieder zu meinem Vater. Ohne Beichte bin ich kein Bischof.

Königin: *(verwundert)* Wer soll die Beichte ablegen? Ich etwa?

Bischof: Ja, ja, natürlich! Die Königin muss beichten gehen. Sie zuallererst. Sie muss mit gutem Beispiel vorangehen.

Königin: Und dir meine Geheimnisse verraten?

Bischof: Ja, ja, natürlich. So will es die Kirche.

Königin: Ich soll dir meine Geheimnisse verraten? *(Sie prustet los)* Du bist ja verrückt. Ha, ha, Manuel! Ha, ha, schaff ihn weg!

Don Manuel: Aber Durchlaucht, das ist doch der Herr Bischof.

Königin: *(höhnisch)* Aaah, der Herr Bischof!

Don Manuel: *(bricht ruhig, aber energisch die Diskussion ab)* Herr Bischof, die Königin ist über Ihre Wünsche unterrichtet und wird versuchen, Sie zu erfüllen. Jetzt kommen Sie bitte mit mir. *(Beide gehen ab. Die Königin bleibt grübelnd zurück. Don Manuel kommt wieder. Pause. Die Königin steigt von ihrem Thron und schlendert traurig über die Bühne.)*

Königin: Warum kommt der König nicht?

Don Manuel: Weil es noch nicht so weit ist, Durchlaucht. Der König kann nicht einfach machen, was er will. Er hat seine Minister, die seine Aktivitäten regeln. Bis die nicht ihr Einverständnis geben, wird er nicht zu Euch kommen.

Königin: Und warum holen wir ihn nicht?

Don Manuel: Weil seine Truppen unseren Palast von außen bewachen und uns nicht durchlassen würden.

Königin: Ich will ihn sehen. Ich muss ihn sehen. Manchmal zweifle ich, ob er überhaupt je kommen wird. Vielleicht hat er eine andere Frau gefunden, eine hübschere …

Don Manuel: *(mit liebevollem Überschwang)* Hübscher als du? Wo sollte er die denn finden? Wo gibt es ein Paar Augen wie die deinen? Und Zähne wie die deinen? Und eine Figur wie die deine? Welche Königin könnte so königlich sein wie du?

Königin: *(ohne hinzuhören)* Ich will den König sehen. Ich will den König sehen. Er muss mir selbst sagen, dass er mich eines Tages heiraten wird oder dass ich mich keinen falschen Hoffnungen hingeben soll. Es vergeht ein Tag nach dem anderen, und ich bin immer noch ledig. Alles hat seine Zeit. Und es gibt Leute, die verhindern wollen, dass ich heirate. Ich weiß nicht, warum, aber es gibt sie, es gibt sie.

Don Manuel: Es gibt bestimmt niemandem, dem nicht an deinem Glück gelegen ist.

Königin: Doch, es gibt sie. Und ob es sie gibt. Der Arzt hat gesagt, ich sei gar keine Königin. Ich wäre es gern, weil ich mich als kleines Mädchen in den König verliebt hätte und ihn seitdem heiraten will. Aber der König würde mich gar nicht kennen und könnte sich folglich auch nicht an mich erinnern. Ja, ja, ja. Er würde sich nicht an mich erinnern. Er würde mich nicht heiraten. Und das darf nicht sein. Auf gar keinen Fall! Er sagt, ich würde ihn nicht heiraten. Der König könne mich nicht heiraten. Ich könne *(schelmisch)* einen anderen Mann heiraten, einen Anwalt oder einen Arzt, verstehst du? *(zwinkert ihm keck zu)* Verstehst du? Einen Arzt! *(lacht auf)* Einen Arzt!

Don Manuel: *(verblüfft)* Einen Arzt? Ihn selbst etwa? Hat er das gesagt? Antworte!

Königin: *(ohne ihn zu beachten)* Der König muss unbedingt kommen. Und zwar bald. Sag du es ihm. Sag ihm, sie wollen mich mit einem Arzt verheiraten. Er soll kein Dummkopf sein und herkommen. Sag ihm auch, er braucht sich keine Sorgen zu machen. Mit mir ist alles in Ordnung. Aber er soll kommen.

Don Manuel: *(energisch, resolut)* Er wird kommen! Ich schwöre, der König wird kommen. Und wenn irgendjemand Eurer Majestät einen Vorschlag macht, der unter Eurer Würde ist, reiße ich ihm eigenhändig die Zunge heraus. Der Arzt spinnt. Hört nicht auf ihn. Hier sind Eure Truppen. Euer Thron. Eure Minister. Euer Palast. Jede Laune, die Euch über die Lippen kommt, ist allen Euren Dienern ein Befehl. Und wenn Ihr wissen wollt, ob Ihr die Königin seid, lasst Eurer Fantasie freien Lauf und lasst Euch etwas einfallen, das Euch unmöglich erscheint. Und ich schwöre bei Gott und bei meiner Ehre, dass Euer Wunsch schneller erfüllt sein wird, als er braucht, um in Eurem Kopf zu entstehen ... *(Ein Hornstoß übertönt Don Manuels letzte Worte.)*

Königin: *(ekstatisch)* Der König!

Don Manuel: Eure Wachablösung.

Königin: *(trotzig, insistent)* Der König! Der König! Der König!

Don Manuel: *(gutmütig)* Der König.

Königin: *(eilt aufgeregt und freudig hinaus)* Meine Juwelen! Meine Gewänder! Mein Umhang! Meine Blumen!

Dr. Ballina: *(begegnet ihr in der Tür. Zu Don Manuel)* Wo will diese Irre denn hin?

Don Manuel: *(ringt um Fassung)* Nein, Doktor, Irre gibt es nicht. Dieses schreckliche Wort wird man in unserem Palast niemals hören. Wir werden eine Legende zum Leben erwecken. Der Wahnsinn ist ein andauernder Traum.

Dr. Ballina: *(in selbstverständlichem Ton)* Aber die Lüge hat Grenzen.

Don Manuel: *(sichtlich nervös)* Einverstanden. Darin sind wir uns einig. Aber sagen Sie mir jetzt sofort, wo die Grenze der Lüge ist.

Dr. Ballina: Immer mit der Ruhe, Don Manuel.

Don Manuel: Nein, nein, nein. Wenn Sie mir das nicht beantworten können, wenn die Lüge keine Grenzen hat, dann gibt es kein Maß für sie, und so kann sie keine Grenze haben. Sie ist ständig in Bewegung, ändert ihren Ausgangspunkt genau wie wir, geht neben uns her, prescht vor, zieht sich zurück, das hängt von den jeweiligen Umständen ab, von unserer Energie, unserem Mut und auch von unserem Willen. Ja, ja, Herr Doktor, von unserem Willen. Die Lüge ist uns niemals überlegen; es liegt immer an uns, sie zu kanalisieren; und deshalb ist es unumgänglich, dass Sie und ich jetzt sofort, in eben diesem Augenblick, die Grenzen unserer Lüge bestimmen.

Dr. Ballina: Aber Don Manuel …

Don Manuel: Ja, ja, ja. Jetzt sofort, just in diesem Augenblick. Die Grenze unserer Lüge ist der Zaun um unseren Palast. Dort müssen wir die Wachen verdoppeln, damit niemand ohne unsere Genehmigung hereinkommt. *(im Hinausgehen:)* Hauptmann … Hauptmann … Verdoppeln Sie die Wachen am Zaun.

Dr. Ballina: Carrasco hatte recht. Es gibt nichts Gefährlicheres, als die Wahrheit wie einen Keil in einen soliden Block zu treiben, der aus Lügen besteht …

VORHANG

DRITTER AKT

Dr. Ballinas Sprechzimmer in einem Winkel des palastartigen Irrenhauses der Königin Beatriz, von dem es durch eine gläserne Schiebetür getrennt ist. Diese Glastür bildet zugleich den Zugang zur Bühne. Ein breiter Diwan, bezogen mit weißem Skai, ein Tisch, ein paar Sessel und ein paar Stühle, alles in Weiß. Auf dem Tisch einige Akten. Auf der Bühne Dr. Ballina im Arbeitskittel und der Bischof in einem leicht abgetragenen schwarzen Straßenanzug und schwarzen Stiefel. Alles an ihm ist unordentlich, er hat einen mehrere Tage alten Bart und sein Hemd weder Kragen noch Manschetten. Geschorener Kopf und ein tristes, resigniertes Aussehen. Der Arzt beobachtet den Bischof, der im Raum auf- und abgeht.

Ballina: Wie sich dein Vater freuen wird, dich auf dem Weg der Besserung zu sehen. Denn du wirst wieder gesund. Das will ich meinen! Du bist ein sehr willensstarker Mensch, und ich kann deutlich sehen, wie du dich für deine Gesundheit einsetzt. Ich bin äußerst zufrieden mit dir. Äußerst zufrieden. *(Pause)*

Bischof: *(ohne zuzuhören, völlig in Gedanken)* Was aber bin ich denn dann? Wenn ich nicht Bischof bin, was bin ich? Etwas muss ich doch schließlich sein. Sie werden schon recht haben, aber ich habe auch recht. Denn etwas muss ich ja sein. Und warum sollte ich eigentlich kein Bischof sein? Weil die anderen nicht wollen? Weil Sie nicht wollen? ... Ich kann Latein. *(lächelt maliziös)* Nicht viel, aber so viel wie sie. *(lächelt wieder. Der Arzt beobachtet ihn aufmerksam)* Können Sie Latein, Herr Doktor? Wenn Sie mich verstehen würde, könnte ich Ihnen etwas Interessantes sagen. Darüber musste ich lachen. Kindereien. *(Pause)*

Ballina: Sprich weiter.

Bischof: *(schelmisch)* Nein.

Ballina: Weiter, weiter.

Bischof: Retentum. *(lächelt und zögert)* Retentum, et cetera. Corporis causan morforum es. Haben Sie das gewusst?

Ballina: *(der in seiner Beziehung zu den Kranken großes Einfühlungsvermögen braucht, um sie zu unterwerfen und sich ihres Geistes zu bemächtigen)* Erinnerst du dich an deine Kindheit?

Bischof: Und ob. Als würde ich sie gerade erleben. Hat man Ihnen etwas über mich erzählt?

Ballina: Damit ich dir sagen kann, was du bist, vorausgesetzt wir sind uns einig, dass du kein Bischof, nicht einmal Geistlicher bist; damit deine Heilung eine Tatsache werden kann, damit du wieder in den Besitz deiner Persönlichkeit kommst, ist es notwendig, absolut unentbehrlich, dass du mir deine Gedanken offenlegst. Du kannst davon ausgehen, dass ich vertrauenswürdig bin. Dass ich dich deiner Welt wieder zurückgeben will. Damit du bei deiner Familie leben kannst. Dein Leben lebst. Deine Freunde triffst. Wieder ein vernünftiger Mensch, wie du früher einer gewesen bist, denn du warst ja nicht immer so. In deinen Kindheitserinnerungen werden wir deine Gesundheit finden, die Gründe werde ich dir noch ausführlich erklären. Aber jetzt beantworte mir eine Frage: Erinnerst du dich an Ereignisse deiner Kindheit?

Bischof: In aller Klarheit!

Dr. Ballina: Hör zu. Setz dich hierher. *(weist ihm den Platz auf dem Diwan zu)*. Sieh mal. Ich werde in deinen Gedanken nach solchen suchen, die mir helfen könnten, dich wieder gesund zu machen. Dabei geht es nicht um das, woran du in diesem Moment denkst, sondern um Dinge, die zwar damit in Verbindung stehen, aber vielleicht gar nichts mit dem zu tun haben, was du gerade denkst. Wenn wir an etwas denken und unsere Gedanken fließen lassen, kommen uns immer mehr und mehr Gedanken, und die letzten haben womöglich mit den ersten gar nichts mehr zu tun, als würdest du viele Ringe ineinander hängen, sodass sie eine Kette bilden. Und obwohl sie alle miteinander verbunden sind, ist der letzte sehr weit vom ersten entfernt. Verstehst du? Vielleicht haben sie überhaupt keine Ähnlichkeit mehr. Der erste Ring kann hässlich sein, wie dein erster Gedanke, aber das macht nichts, das ist es nicht, wonach wir suchen. Pass mal auf: Antworte mir auf alles, was ich dich frage. Ohne Furcht. Ohne Hemmungen. Denk daran, dass davon dein Glück abhängt, deine Entlassung aus der Anstalt, deine Rückkehr in dein gewohntes Leben. Du wärst ein anderer Mensch. Antworte mir also: Erinnerst du dich an Sachen aus der Grundschule? In welchem Alter bist du zum ersten Mal hingegangen? Komm schon, erinnere dich. Wie alt warst du da?

Bischof: Sehr klein.

Dr. Ballina: Wie alt warst du?

Bischof: Weiß ich nicht mehr.

Dr. Ballina: Und aus der Zeit, bevor man dich zur Schule schicke, hast du überhaupt keine Erinnerung?

Bischof: Überhaupt keine.

Dr. Ballina: Gibt es kein einziges Ereignis aus deiner frühen Kindheit, an das du irgendwann einmal gedacht hättest?

Bischof: Kein einziges.

Dr. Ballina: Erzähl mir, was du noch von deinen ersten Eindrücken in der Schule weißt. Na los. Streng dich an. Versuch mal, ob du dir nicht Erlebnisse aus jener Zeit ins Gedächtnis rufen kannst.

Bischof: (*überlegt*) Nichts, ich erinnere mich an nichts.

Dr. Ballina: Vorhin hast du gesagt, du würdest dich gut erinnern. Ich muss ja glauben, dass du versuchst, mich anzuschwindeln.

Bischof: Nein. Wozu? Es ist doch … nichts Besonderes. Viele fremde Kinder. Unsympathische Lehrer. Seltsame Leute. *(Pause)* Am ersten Tag habe ich mich mit einem Jungen geprügelt und am zweiten noch mal mit demselben. Es war der, der auf dem Schulhof das Sagen hatte. Alle haben ihn gefürchtet. Ein kleiner Kraftmeier. Er wollte die Schokolade von meinem Pausenbrot. Ich habe sie ihm nicht gegeben. Dabei wollte ich sie ihm geben, aber ich habe sie ihm nicht gegeben. Und dann haben wir uns geprügelt. Er hat gewonnen, und am nächsten Tag auch, da hat er auch gewonnen.

Dr. Ballina: Hast du es ihm übelgenommen?

Bischof: Ich bin ihm aus dem Weg gegangen. Gehasst habe ich ihn nicht, aber gemieden habe ich ihn. Wenn wir uns begegnet sind, hatte ich immer Lust, ihn zu verhauen.

Dr. Ballina: Hast du dich mit den anderen auch geprügelt?

Bischof: Ich erinnere mich nur an die Kämpfe mit ihm.

Dr. Ballina: Könntest du mir erklären, warum?

Bischof: Phh. Weil es die ersten waren. Er war stark. Stärker als ich.

Dr. Ballina: Weißt du seinen Namen noch?

Bischof: Ja. Er hieß Manolo Isla.

Dr. Ballina: Wollen wir doch mal sehen. Schließ die Augen. Konzentriere dich ganz auf Manolo Isla und sprich alles aus, was dir spontan in den Sinn kommt, wenn du an diesen Namen denkst. *(legt ihm die linke Hand auf die Stirn, und schickte sich an, mit der anderen Notizen zu machen, nachdem er die Uhr auf den Tisch gelegt hat)* Auf geht's. Denk laut … Manolo Isla … Manolo Isla …

Bischof: Manolo Isla … Streit … Kämpfe … Hitze … Geständnisse … Rektor. (Er weigert sich, weiter zu reden. Der Arzt notiert)

Dr. Ballina: Was ist los? Sprich weiter.

Bischof: *(setzt sich)* Nein, das war's. Ansonsten fällt mir nichts ein.

Dr. Ballina: Manolo Isla beichtete beim Rektor.

Bischof: *(verblüfft)* Woher wissen Sie das?

Dr. Ballina: Das hast du mir selbst gesagt.

Bischof: Ich?

Dr. Ballina: Du hast mir alles gesagt, und ich habe dir versprochen, dich zu heilen.

Bischof: Aber von was wollen Sie mich denn heilen? Ich bin doch nicht krank. Ich bin …

Dr. Ballina: Schscht. Du befindest dich in einer geschlossenen Anstalt, weil du krank bist. Und du wirst wieder rauskommen, weil ich dich gesund machen werde. Zunächst aber will ich dich nicht mehr sagen hören, du seist Bischof. Das ist eine fixe Idee, die du dir aus dem Kopf schlagen musst.

Andernfalls wirst du Tag und Nacht in deiner Einzelzelle bleiben. Alle Strafen wird man dir auferlegen, denn du solltest wissen ...

Don Manuel: Was hat unser Herr Bischof denn?

Dr. Ballina: Ich wollte ihm eben erklären, welche Gefahren die Konstitution unserer Grundschulen für die geistige Gesundheit birgt.

Don Manuel: Und was der Herr Bischof damit zu schaffen? Seit wann ist es dem Herrn Bischof erlaubt, auf seinen Habit zu verzichten und in weltlicher Kleidung sein Zimmer zu verlassen?

Bischof: Ich bin kein Bischof, Don Manuel, ich bin kein Bischof. Ich bin ein Kranker. Ich bin ein Irrer.

Dr. Ballina: (*bugsiert ihn liebevoll zur Tür*) Kopf hoch, Don Mariano, Kopf hoch. Seien Sie nicht kindisch. Sie sind ein Mann. Ein guter Mann. (*verabschiedet ihn mit ein paar Schulterklopfern*)

Bischof: (*im Hinausgehen*) Nein, nein, ein Irrer. Ein Kranker. (Don Manuel bleibt tief besorgt zurück. Er geht zum Sessel und lässt sich nachdenklich darin nieder)

Dr. Ballina: Ich habe ihm die ganze Wahrheit gesagt.

Don Manuel: Seine Wahrheit? Ihre Wahrheit?

Dr. Ballina: Die Wahrheit.

Don Manuel: Jeder hat seine Wahrheit.

Dr. Ballina: Ich kenne nur eine, die für alle gilt.

Don Manuel: (*aufgeregt*) Das stimmt nicht, Doktor, jedes Individuum formt sich seine eigene Wahrheit aus dem Material, das am besten zu seinem Leben passt. Kein Leben gleicht dem anderen. Es ist völlig ausgeschlossen, dass es zwei identische Leben gibt. Nur wer mit seiner eigenen Wahrheit lebt, kann sich ein Urteil über sie erlauben. Der Mörder, der heimtückisch in einer dunklen Gasse tötet, lebt seine Wahrheit ebenso wie der Kriegsheld, der in der Schlacht seinen Artgenossen nach dem Leben trachtet, seine Wahrheit lebt.

Dr. Ballina: Nach dieser Theorie ist keine Gesellschaft möglich.

Don Manuel: Das wissen wir nicht. Die, in der wir leben, wäre nicht möglich. Um dasselbe über eine andere sagen zu können, müsste man es ausprobieren.

Dr. Ballina: Immer mit der Ruhe, Don Manuel, immer mit der Ruhe. Das ist nicht die rechte Art, die guten Fortschritte unserer Patienten zu besprechen. Wo wir doch gerade dabei sind, einen Irren in einen vernünftigen Menschen zu verwandeln.

Marchena: (*von der Tür aus, den Blick nach draußen gerichtet*) Oje! Oje! Was für ein Jammer!

Dr. Ballina: Was ist los, Marchena?

Marchena: Der Herr Bischof ist verrückt geworden. Er hat seine Gewänder abgelegt und läuft durch den Garten, angezogen wie ein Apotheker. Oje, was für ein Jammer! Der arme Don Mariano. Dabei war er so gut! Wenn er in seinem Zimmer die Messe las, fing er immer wieder von vorne an, sobald jemand ans Fenster kam. Manchmal war er schon fast zu Ende und fing trotzdem wieder an. Sein ganzes Bestreben war, dass jedermann die komplette Messe hörte, und wenn er fünfzehn Mal beginnen musste. Und beichten? Das Beichten mochte er überhaupt nicht. Armer Don Mariano! So ein guter Mensch! Mit Irren kenne ich mich aus, Don Manuel. Prügel, ordentlich Prügel. Irre kommen durch Prügel zur Vernunft. Und das ist ansteckend. Hier wird nicht ein Irrer übrigbleiben. Und dann ist es aus mit diesem Palast! Und ob es dann aus ist! Wartet es nur ab! Mit diesem Palast ist es aus!

Don Manuel: *(energisch)* Aus mit diesem Palast? Verschwinde, du gemeiner Kerl! Und wenn du das noch einmal sagst …

Marchena, erschrocken über Don Manuels Verhalten, will hinausgehen, als im selben Moment die Königin hereinkommt, gefolgt von mehreren Damen.

Marchena: *(steht stramm)* Die Königin!

Don Manuel: *(geht ihr entgegen, küsst ihr die Hand)* Majestät …

Markgräfin: *(Hofdame der Königin, zu Marchena)* Zurück. Unverschämt, diese Plebejer! Tee, Champagner und Pferderennen! Ah! Ja, ja! Keine Aristokratie ohne Pferderennen. Und Tee, viel Tee. Und Bälle. Bälle müssen sein. Viele Bälle. Wer hat je einen Königshof ohne Bälle gesehen?

Herzogin: Sag mal, Markgräfin, was sind Bälle?

Markgräfin: Ach, das weißt du nicht? Die Arme! So jung! Ein Ball, mein Kind, ein Ball, das ist ein Fest, weißt du? Ein Fest, bei dem wir Frauen uns untereinander unsere Männer ausleihen, nur für das Fest, natürlich. Ah! Ja, ja, ja, ja. Und du umarmst, wen du willst. Einfach den, der dir gefällt. Sie leihen sich natürlich auch ihre Frauen aus, für das Fest, auch nur für das Fest. Ein Riesenspaß, ein Riesenspaß! Wir brauchen einen Ball!

Herzogin: Warum haben wir keinen Ball?

Markgräfin: Ich weiß nicht, mein Kind. Dabei haben wir alles, alles, Männer, Musik …

Herzogin: Musik?

Markgräfiin: Ja, meine Liebe, ja, Musik. Für einen Ball braucht man Musik, viel Musik.

Herzogin: Und warum umarmt man sich nicht ohne Musik?

Markgräfin: Weil sich das nicht gehört, das gehört sich nicht! Eine Umarmung ohne Musik ist kein Benehmen für eine Dame. Wo gibt es denn so was? Einen Mann umarmen, der nicht deiner ist, ohne dass Musik erklingt? Nein, meine Liebe, das geht nicht, das geht unter gar keinen Umständen.

Herzogin: Also ich will einen Ball ohne Musik. Sollen sie sagen, was sie wollen. Wenn mich ein Mann umarmt, will ich keinen Lärm haben.

Markgräfin: Aber das geht nicht. Das ist nicht korrekt. Und es gehört sich nicht. Wie soll ich es dir erklären? Dir gefällt ein Mann, du möchtest ihn umarmen, kannst ihm aber nicht sagen, ich erwarte dich heute Nacht im Salon des Markgrafen de Bras, um dich zu umarmen. Das ist unmöglich. Es ist nicht dein Haus. Die Dienstboten werden dich nicht reinlassen. Deine Freundinnen würden schlecht über dich reden. Sie würden dich für verrückt erklären. Wenn dir dagegen ein Freund gefällt und du fragst ihn ganz selbstverständlich: Gehst du zum Ball beim Markgrafen? Ja? Wirst du mit mir tanzen? Mit Vergnügen, mit Vergnügen. Und mit Vergnügen, mit Vergnügen, mit Vergnügen … *(deutet Tanzschritte an)*

Herzogin : Und warum tanzen wir hier nicht?

Don Manuel: Wir werden tanzen. Heute Abend wird die Königin, nicht wahr, Majestät, ein großes Fest geben, und wir werden alle tanzen, alle, und es wird Tee geben und Champagner und sogar Pferderennen, wenn ihr wollt.

Damen: Wie schön, wie schön! Was für eine Freude, was für eine Freude!

Königin: Und der Arzt, wird der auch tanzen? Wirst du tanzen, Doktor?

Dr. Ballina: Ich werde tanzen, wir werden tanzen. Vorher jedoch muss ich wissen, ob ihr bereit seid, meinen Rat anzunehmen und meine Anweisungen zu befolgen.

Königin: Anweisungen befolgen? Die Königin?

Dr. Ballina: Da geht es schon los. Nichts bringt dich mehr durcheinander als dein Publikum. *(zu den Damen gewandt)* Los, los, geht im Garten spazieren!

Markgräfin: Schon klar, schon klar. Gehen wir. Diskretion, meine Liebe, Diskretion. Als Hofdame der Königin muss man diskret sein, sehr diskret. *(zu den anderen Damen)* Los, los. Halten wir uns raus. Gehen wir im Garten spazieren, die Diskretion, die Diskretion. *(gehen ab)*

Dr. Ballina: *(zur Königin)* Du verlierst all deine innere Ruhe, wenn Leute um dich sind. Am liebsten unterhalte ich mich mit dir, wenn wir allein sind. *(zu Don Manuel)* Die Krankheit von Beatriz …

Don Manuel: *(verwundert)* Beatriz? La Reina.

Dr. Ballina: Genau. Die Krankheit der Königin Beatriz erfordert eine Behandlung der Ruhe, der Stille, des Friedens und der Einsamkeit. Davon bin ich überzeugt. Dieser ganze Krach bringt sie nur durcheinander. Schon wegen der kleinsten Kleinigkeit geht ihre Fantasie mit ihr durch. Es genügt eine Farbe, ein Klang, eine Stimme. Wenn wir allein sind, verwandelt sich die Königin in eine Frau, der zuzuhören eine Freude ist. So jung! So hübsch! So sympathisch! So vernünftig! Und sobald jemand in der Nähe ist, spielt sie die Königin, regt sich auf, ereifert sich, gerät außer sich.

Don Manuel: Wenn es meine Gegenwart ist, die sie stört, kann ich mich auch zurückziehen.

Dr. Ballina: Ja, Don Manuel, tun Sie das. Mit Ihnen muss ich mich auch mal eingehend unterhalten. Sie kommen mir so nervös und unruhig vor. Wir müssen reden … Aber später, nicht jetzt. Jetzt möchte ich erst einmal sehen, ob es mir gelingt, die unregelmäßigen Vibrationen in diesem hübschen Köpfchen auf einen Punkt und eine Richtung zu konzentrieren. Was gäbe ich darum! Gehen Sie ruhig, Don Manuel, gehen Sie ruhig. Hoffen wir, dass Gott mir beistehen wird. *(Pause. In Don Manuel liegen diverse Gefühle im Widerstreit)*

Don Manuel: Sie muss mir das befehlen.

Königin: Der Arzt verlangt es … Ich …, ich befehle es.

Don Manuel: *(aufgeregt)* Dann sei es so. Aber vergessen Sie nicht, Doktor -

Dr. Ballina: *(unterbricht ihn)* Was soll ich nicht vergessen, Don Manolito?

Don Manuel: Vergessen Sie nicht, Doktor, dass wir das schreckliche Wort in unserem Palast niemals hören wollen. Dass unser Leben ein andauernder Traum ist und jedes Individuum seine Wahrheit hat. Eine Wahrheit für jeden Einzelnen. *(geht ab)*

Dr. Ballina: Armer Don Manuel!

Königin: Er ist verrückt.

Dr. Ballina: Gut möglich. Aber lass uns doch mal sehen. Setz dich hierher. *(setzt sich auf den Diwan)* Weg mit dieser Krone. *(er nimmt sie ihr ab und legt sie auf den Tisch)*

Königin: *(kokett)* Wirst du zum Ball gehen, Doktor? Werden wir zusammen tanzen?

Dr. Ballina: Ich werde hingehen. Aber jetzt zunächst etwas anderes. *(eindringlich)* Du bist krank. Gestern waren wir uns doch einig, dass du krank bist.

Königin: *(akzeptiert alles, tyrannisiert von ihren sinnlichen Begierden)* Ja.

Dr. Ballina: Als du klein warst, hattest du ein Bild vom König, und über das Bild hast du dich in den Monarchen verliebt.

Königin: Wirst du zum Ball gehen? Werden wir zusammen tanzen?

Dr. Ballina: Als du klein warst, hast du dich in ein Porträt des Königs verliebt.

Königin: *(zögernd)* Ja.

Dr. Ballina: Gut. Erzähl mir deinen letzten Traum. Was hast du vergangene Nacht geträumt?

Königin: Vergangene Nacht …

Dr. Ballina: *(er nötigt sie, sich auf den Diwan zu legen)* Schließ die Augen und sag mir, was du letzte Nacht geträumt hast. *(Don Manuel kommt heimlich herein und lauscht, ohne dass die beiden ihn bemerken)*

Königin: Wirst du zum Ball gehen? Wirst du mit mir tanzen?

Dr. Ballina: Ja. Wir werden tanzen. Aber sag mir, was du geträumt hast. Erzähl mir deinen Traum. *(Pause. Der Arzt setzt sich wieder)*

Königin: Ich habe geträumt … Es ist mir peinlich.

Dr. Ballina: Na, los. Sprich *(legt ihr eine Hand auf die Stirn)* Sprich.

Königin: *(gefühlvoll)* Ich habe … von dir geträumt. Du hast mich in meinem Zimmer besucht, und ich habe mich sehr gefreut.

Dr. Ballina: Hatte ich eine Krone auf?

Königin: Nein.

Dr. Ballina: Und auch keine anderes Kleidungsstück des Königs an?

Königin: Nein.

Dr. Ballina: Wenn du früher von Männern geträumt hast, hatten die nicht eine Krone auf?

Königin: Immer. In meinen Träumen trugen immer alle Männer Kronen.

Dr. Ballina: Und ich? *(über der Königin ein weißes Licht)*

Königin: Nein. In meinem Traum warst du, wie du bist, dünn, brünett, nett, sympathisch. *(über Don Manuels Kopf ein rotes Licht.)* Und deine Augen, wie merkwürdig! Deine Augen sagten Dinge, die ich sehr schön fand … Du sagtest, ich sei krank. Und du würdest mich heilen. Du würdest mich hier rausholen. Wir würden glücklich sein. Und ich, ich habe dir geglaubt. *(über dem Kopf des Arztes ein grünes Licht)*

Dr. Ballina: Und das darfst du mir glauben. Du bist krank und ich werde dich heilen. *(Don Manuel hat sich herangeschlichen, packt ihn am Hals und hindert ihn, die letzte Silbe auszusprechen. Mit den Händen drückt er ihm die Kehle zu und zwingt ihn langsam in die Knie, bis er tot am Boden liegt. Die ganze Szene rot.)*

Königin: *(öffnet die Augen, steht auf und ist einen Augenblick lang starr vor Schreck)* Was …? Was …? Was …?

Don Manuel: Tot. Ich habe ihn umgebracht.

Königin: Tot! Tot! *(schreit)* Tooooot! *(sie wird von einem krampfartigen Zittern befallen und ihre Stimme immer leiser)*

Don Manuel *(schreit)* Er hat sich umgebracht. Du hast ihn umgebracht. Du.

Königin: *(zittert)* Nein, nein, nein. Du hast ihn umgebracht. Nein, nein, er hat ihn umgebracht. *(brüllt)* Der König hat ihn umgebracht! Der König!

Don Manuel: Der König hat ihn umgebracht. *(geht zur Glastür und zieht sie auf. Der schöne Garten des Palastes wird sichtbar. Er brüllt lauter)* Der König hat ihn umgebracht! Kosaken und Kürassiere! Der König hat ihn umgebracht! Antreten!! *(Ein Irrer in Soldatenuniform mit Kornett erscheint. Er bläst, und von überallher stürzen die irren herbei und stellen sich auf der linken Seite des Gartens in Reih und Glied auf. Auch die Militärkapelle tritt* an mit Hörnern und Trommeln) Der König hat ihn umgebracht! *(Die Königin flüchtet sich entsetzt in eine Gartenecke. Die Leiche des Arztes liegt nahe beim Rampenlicht. Don Manuel steht auf der anderen Seite der Bühne)* Kosaken und Kürassiere!! Der König hat ihn umgebracht! Diesen Verräter! Schande über die Verräter! Blut soll fließen, wo sie gehen und stehen! Die Hunde mögen die Zunge fressen, die lügt! Das Gesicht zur Königin gewandt, Aufstellung zur Parade! Und die Königin soll dem Aufmarsch ihrer Truppen zusehen.

Die Trompeten setzen ein, die Truppe beginnt zu marschieren, den Blick zur Königin gewandt. Ihre Uniformen sind fantastisch und ihre Gewehre aus Bambus. Trommelrhythmus.

Don Manuel: *(schreit aus Leibeskräften)* Und die Königin! Und die Königin! *(er hebt die Hände zum Kopf.)*

VORHANG FÄLLT SEHR LANGSAM

12

Hans-Jürgen Döpp

Epilog

„Verrückte gibt es hier nicht!" Für Sánchez Mejías und seine Zeitgenossen, interessierte Laien, waren die Entdeckungen der Psychoanalyse eine Offenbarung: Der Unvernünftigkeit einer instrumentellen Vernunft wird die freie Entfaltung des Unbewussten entgegengesetzt. Hierauf setzten die Surrealisten: Vom Traum erwartete Breton eine Befreiung von logischen und moralischen Zwängen. Wahnsinn gilt nicht länger nur als Zusammen-bruch, sondern, insbesondere in den Augen der Surrealisten, als Durchbruch. Während Dr. Ballina noch die Kranken zu heilen versucht, - auch gemäß der neuen psychoanalytischen Erkenntnisse, denen zufolge psychische Störungen zurückgeführt werden auf einen Konflikt zwischen „Moral" und „Begierde", wobei „Heilung" durch Offenlegung der Ursachen erfolge, - verficht Don Manuel einen anti-psychiatrischen Ansatz: er will den Kranken „ein schönes Leben bieten", indem er ihnen „alle Wünsche erfüllt" und die „Hirngespinste ihrer Monomanien" befriedigt. „Wir werden eine Legende erfinden und sie mit Leben füllen": ein Leben in einem Traum! Dass dies eine jenseitige Welt ist, wird erkenntlich dadurch, dass sie durch einen bewachten Zaun von der Außenwelt getrennt ist.

Indem individuelle Psychose und Wahnsinn mit Befreiung gleichgesetzt werden, gerät Don Manuels Ansatz in die frappierende Nähe der Theorien von Cooper und Laing, die 40 Jahre nach Sánchez Mejías` „tragischem Spielchen" entwickelt wurden. Nach Laings Untersuchungen stellen „ohne Ausnahme Erfahrungen und Verhalten, wenn sie als schizophren gelten, eine spezielle Strategie dar, die jemand erfindet, um eine unerträgliche Situation ertragen zu können"[8]. Jede psychische Erkrankung enthält also

---

[8] Laing, Phänomenologie der Erfahrung, FFM 1970, S.104

eine *raison d`être,* die des Überlebens. An Stelle eines klinischen tritt ein existentieller und sozialer Standpunkt. Therapie liefe nur auf eine soziale Anpassung an eine funktionsgestörte Gesellschaft hinaus. Anstelle von Heilanstalten bräuchten wir Orte, an denen „weitergereiste Leute" ihren Weg finden können, geleitet von Leuten, die bereits dort gewesen und zurückgekehrt sind. In diesem Sinne wäre Don Manuel besonders geeignet: als – angeblich geheilter - Ex-Patient kennt er die Reise.

Sánchez Mejías versucht also, die surrealistischen Erkundungen des Unbewussten beim Wort zu nehmen. Auf welchen gefährlichen Weg er sich begibt, zeigt sich im Verlauf des Dramas: Größenwahn, Feindseligkeit, das Verlangen nach Macht, Aggressions- und Destruktionstriebe werden sichtbar. Am Ende dominiert ein mörderischer Impuls: Don Manuel erwürgt Dr. Ballina!

Kann man sagen, dass Sánchez Mejías mit seinem Stück die neuen Ideen des Surrealismus karikiert, indem er sie ad absurdum führt? Ohnehin dürfte er durch seine bürgerliche Herkunft den neuen Gedanken gegenüber eher konservativ und skeptisch eingestellt gewesen sein. Sin Razón: Sieht er in dieser surrealen Position gegen die Vernunft selber Unvernunft am Werk?

Vielleicht hat er selbst auch Nachricht vom Geschehen in der Surrealisten-Gruppe in Paris erfahren. In nächtlichen Trance-Sitzungen versuchte sie Anfang der 20er-Jahre, dem Unbewussten auf die Spur zu kommen. Doch die Sitzungen gerieten immer mehr außer Kontrolle, sodass Breton für die Sicherheit der Gruppe zu fürchten begann, da alarmierende Persönlichkeitszüge zum Vorschein kamen[9]. So versuchten einige, unter

---

[9] S. Mark Polizzotti, Revolution des Geistes – Das Leben André Bretons, München – Wien 1996, S. 267

Anstiftung von Crevel , sich, mit einem Strick versehen, an der Garderobe aufzuhängen... In einem anderen Falle glitt das Verhalten von Desnos offen ins Mörderische ab. Während einer Schlafsitzung bei den Eluards musste er zurückgehalten werden, nachdem er Eluard über den Rasen gejagt hatte, wobei er ein Messer schwang. „Offensichtlich", schreibt Polizzotti[10] , „setzten die Schlafanfälle nicht nur `Worte, die Liebe machen`, frei, sondern eben auch manche tiefsitzenden Antipathien". Insofern spiegelt das Stück auch ein wenig den Irrsinn der Surrealisten-Gruppe wider.

Dr. Ballina dagegen scheint eine Gegenposition einzunehmen: als äußerst gefährlich bezeichnet er es, die Kranken in ihrer Gestörtheit noch zu bestärken, ja diese gar zu fördern, und er ahnt die Katastrophe. Mit therapeutischem Optimismus beruft er sich als Ratgeberin auf die Vernunft. Beinahe brachial versucht er in Gesprächen mit den Kranken, die psychische Kollisionsstelle herauszufinden, in der der Ursprung ihrer Krankheit zu suchen ist, konfrontiert sie mit dieser Erkenntnis, - und schon sei der Patient geheilt. Dr. Carrasco warnt vor dieser Holzhammer-Methode: „Es gibt nichts Gefährlicheres, als die Wahrheit wie einen Keil in den soliden Block aus Lügen zu treiben!" Kein Wunder, wenn der so mit der Wahrheit Konfrontierte geneigt sei, den Therapeuten umzubringen...

Mit der Figur des Dr. Carrasco tritt Sánchez Mejías den kurzschlüssigen, naiven therapeutischen Schlussfolgerungen aus der psychoanalytischen Theorie entgegen. Selbst Freud war sich bewusst, dass die Individualtherapie letztlich zur Ohnmacht verurteilt ist. Auch Breton und seine Freunde misstrauten Freud als Therapeut, der die Nicht-Angepassten in eine Gesellschaft zu integrieren versuche, die nach ihrer Ansicht selbst krank sei. Ihr Ziel ist nicht mehr als die Befreiung der Phantasie; wirkliche

---

[10] a.a.O., S.272

Befreiung setzte kollektives Handeln voraus... Dr.Ballinas aufklärende Methode wird also als inhuman und irrational bloßgelegt, als *„sin razon"*. Er selbst wird schließlich zum Opfer seines eigenen Vorgehens, indem er seine Patienten gewaltsam aus ihrem Traume aufstört. Auch hier also: eine Karikatur auf das psychoanalytische Vorgehen! Was bleibt? Der Umgang mit dem Wahnsinn ist selbst von Wahnsinn geprägt. Mit Dr. Ballina und Don Manuel treten uns zwei groteske Gestalten gegenüber: Beide verfolgen die „Hirngespinste ihrer Monomanie" – und scheitern. Es sind – auf ur-spanische Weise – zwei Don Quichotte-Gestalten. So makaber ihre Geschichte ist, so humorvoll wird sie inszeniert durch Übertreibung und Überzeichnung. „Sinrazón" wäre, auf die Gesamtaussage des Stückes bezogen, nun mit „sinnlos" zu übersetzen: das Absurde ist das Sinnlose. Insofern das Spiel mit dem Absurden und Exzentrischen die Groteske kennzeichnet, ist Ignacio Sánchez Mejías` tragisches Drama als Groteske zu bezeichnen.

***

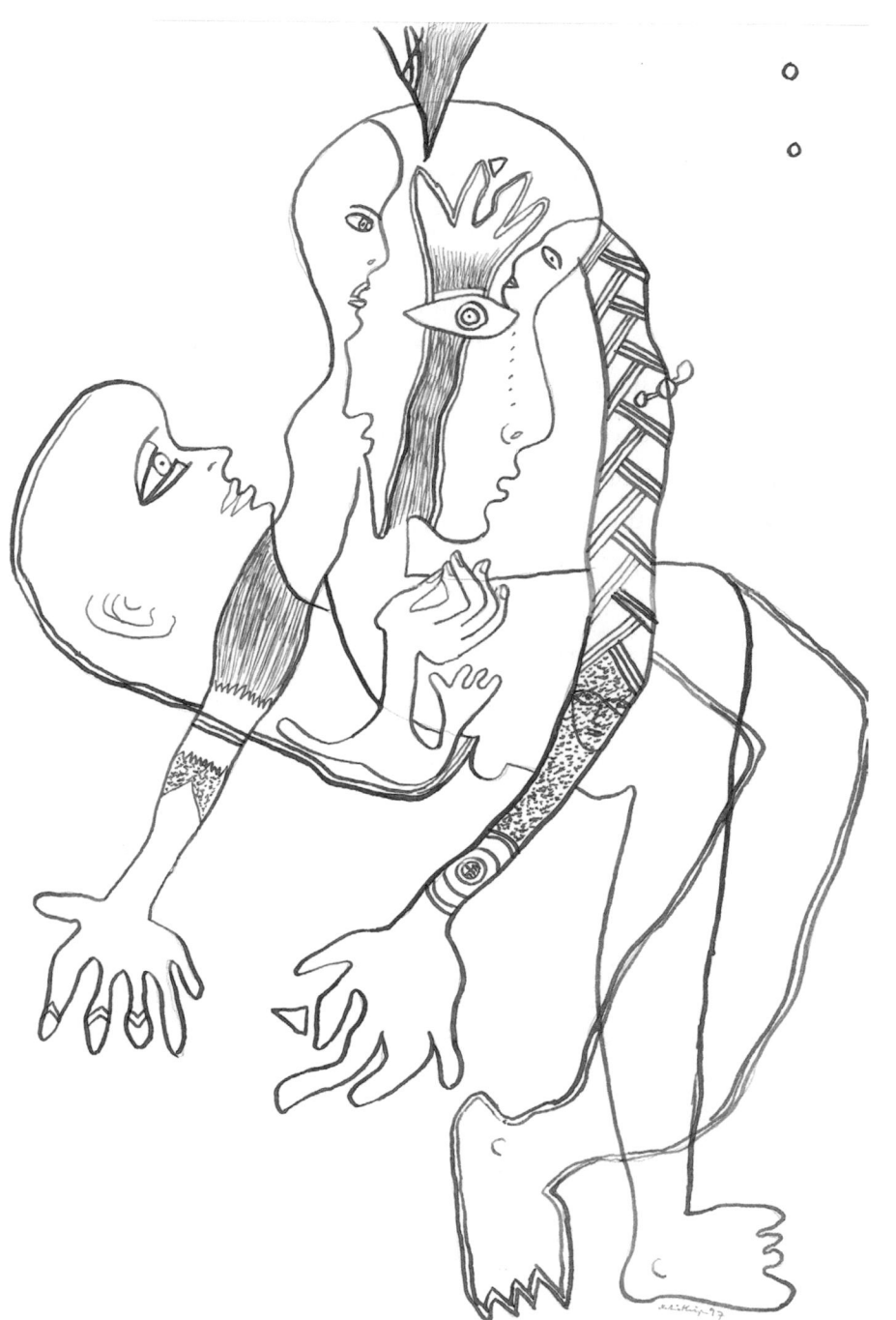

Was wir im Traume erleben, beeinflusst auch unser Denken am hellen lichten Tage. Und wenn wir das Stück von Sánchez Mejías also nur geträumt hätten? Plötzlich erkennen wir in dieser Groteske – eine Parabel , die auf unsere eigene Gesellschaft verweist: Unser Wohlstands-Palast – ein Irrenhaus, in dem jeder individuell einem Glücksversprechen folgt, blind für die Katastrophen, auf die man zusteuert. Ein Palast, in dem Irre zu Präsidenten werden; in dem niemandem die Wahrheit gesagt wird; in dem Unvernunft als Vernunft ausgegeben wir, Wahrheit als fake. Ideologien überdecken die Realität: „Wir werden eine Legende erfinden und sie mit Leben füllen": Ein schönes Leben, in dem alle Wünsche erfüllt werden. Die Traumwelt des Konsumismus überdeckt das reale Elend. Jeder hat seine eigene „Wahrheit" und befriedigt die Hirngespinste seiner Monomanien. Doch eine „Gesellschaft" ist damit nicht möglich. Heilung – die bestünde in Aufklärung. Die Mahner aber werden als die „Verrückten" bezeichnet. Das katastrophale Ende ist unvermeidbar.

Zu den Illustrationen von Martina Kügler:

1945   geb. in Schreiberhau/ Schlesien;

1963 - 1966   Ausbildung als Farblithographin

1966 – 1972   Studium an der Städelschule in Frankfurt am Main bei
Johann Georg Geyger und Karl Bohrmann

Martina Kügler lebte und arbeitete in Frankfurt am Main.

Gestorben am 9.12.2017

PUBLIKATION:

Martina Kügler, Nachtschattenspiele – Aus dem zeichnerischen Werk 1972 – 2017,
Hg. Hans-Jürgen Döpp, Norderstedt 2018

INHALT: